»Die Augen des HERRN
durchstreifen die ganze Erde,
damit Er sich mächtig erweise
an denen,
deren Herz ungeteilt
auf Ihn gerichtet ist.«
2. Chron. 16, 9a

Inhalt

Vorrede

Gott sucht Werkzeuge. Er hält Ausschau nach Menschen, deren Herz Ihm ganz gehört; an ihnen und durch sie will Er Seine Siegeskraft erweisen.

Damit sie aber glaubwürdig ihren unsichtbaren Herrn repräsentieren können, soll ihr Leben befreit und erneuert werden. Auf diese Umgestaltung unseres Wesens kommt es an, damit wir brauchbare Werkzeuge für Gott werden können. Die Bibel nennt das *Heiligung*.

»Dies ist der Wille Gottes: eure Heiligung«, sagt Paulus (1 Thess 4, 3 a).

Das galt schon für den Alten Bund. Wenn Gott dort zu Seinem Volk sagt: »Ihr sollt heilig sein, denn Ich bin heilig, Jahwe, euer Gott!« (3 Mos/Lev 19, 2), dann hat dies Wort grundlegende Bedeutung für die gesamte biblische Heilsgeschichte gewonnen. Indem der ewige Gott sich zu staubgeborenen Menschen herabneigt, sie Seiner heiligen Gegenwart würdigt und zu Seinen Werkzeugen beruft, will Er sie auch an Seinem heiligen Wesen teilnehmen lassen. All Sein Handeln mit uns, die gesamte Erziehung und Zubereitung zu Seinem Dienst, die wir von Ihm erfahren, hat das eine Ziel: Wir sollen Seiner eigenen Heiligkeit teilhaftig werden (Hebr 12, 10 b), um vollmächtig Seine Werkzeuge sein zu können.

Daß Gottes Wille sich so zentral auf unsere Heiligung richtet, wird im Protestantismus weithin übersehen. Allzu schnell gibt man sich mit der »billigen Gnade« zufrieden, die sich im Lauf der Jahrhunderte als der tiefste Schaden der Reformationskirchen erwiesen hat. Billige Gnade heißt: die Gnade auf möglichst billige Weise für sich in Anspruch nehmen, ohne in echter Umkehr das alte Leben aufzugeben, ohne die Bereitschaft zu wirklicher Nachfolge und Selbstverleugnung, – kurzum: ohne die ernsthafte Absicht, sich erneuern und heiligen zu lassen.

Dietrich Bonhoeffer hat das bleibende Verdienst, auf diesen wunden Punkt mit heiligem Ernst hingewiesen zu haben. Nach seiner Sicht »bleibt der Sieger der Reformationsgeschichte nicht Luthers Erkenntnis von der reinen, teuren Gnade, sondern der wachsame religiöse Instinkt des Menschen für den Ort, an dem die Gnade am billigsten zu haben ist. Es bedurfte nur einer ganz leichten, kaum merklichen Verschiebung des

Akzents, und das gefährlichste und verderblichste Werk war getan... Die Lehre der Schüler war unanfechtbar von der Lehre Luthers her, und doch wurde diese Lehre das Ende und die Vernichtung der Reformation als der Offenbarung der teuren Gnade Gottes auf Erden... Aus der teuren Gnade wurde die billige Gnade ohne Nachfolge.«[1] »Billige Gnade heißt Gnade als Schleuderware, verschleuderte Vergebung, verschleuderter Trost, verschleudertes Sakrament; Gnade als unerschöpfliche Vorratskammer der Kirche, aus der mit leichtfertigen Händen bedenkenlos und grenzenlos ausgeschüttet wird; Gnade ohne Preis, ohne Kosten... In dieser Kirche findet die Welt billige Bedeckung ihrer Sünden, die sie nicht bereut und von denen frei zu werden sie erst recht nicht wünscht... Es lebe also der Christ wie die Welt, er stelle sich der Welt in allen Dingen gleich und unterfange sich ja nicht – bei der Ketzerei des Schwärmertums! –, unter der Gnade ein anderes Leben zu führen als unter der Sünde.«[2] »Wie die Raben haben wir uns um den Leichnam der billigen Gnade gesammelt, von ihr empfingen wir das Gift, an dem die Nachfolge Jesu unter uns starb... Überall Luthers Worte und doch aus der Wahrheit in Selbstbetrug verkehrt... Darin sollte also das rechte Erbe Luthers erkennbar werden, daß man die Gnade so billig wie möglich machte. Das sollte lutherisch heißen, daß man die Nachfolge Jesu den Gesetzlichen, den Reformierten oder den Schwärmern überließ, alles um der Gnade willen; daß man die Welt rechtfertigte und die Christen in der Nachfolge zu Ketzern machte. Ein Volk war christlich, war lutherisch geworden, aber auf Kosten der Nachfolge, zu einem allzu billigen Preis. Die billige Gnade hatte gesiegt.«[3] »... Man gab das Heiligtum aus menschlicher Liebe den Spöttern und Ungläubigen, man spendete Gnadenströme ohne Ende, aber der Ruf in die strenge Nachfolge Christi wurde seltener gehört. Wo blieben die Erkenntnisse der alten Kirche, die im Taufkatechumenat so sorgsam über der Grenze zwischen Kirche und Welt, über der teuren Gnade wachte? Wo blieben die Warnungen Luthers vor einer Verkündigung des Evangeliums, die die Menschen sicher machte in ihrem gottlosen Leben? Wann

[1] Aus: *Bonhoeffer,* Nachfolge, 3. Aufl., München 1950, S. 6 f.
[2] a. a. O. S. 1.
[3] a. a. O. S. 10.

wurde die Welt grauenvoller und heilloser christianisiert als hier? Was sind die 3000 von Karl dem Großen am Leib getöteten Sachsen gegenüber den Millionen getöteter Seelen heute? ... – Die billige Gnade ... hat uns den Weg zu Christus nicht geöffnet, sondern verschlossen. Sie hat uns nicht in die Nachfolge gerufen, sondern in Ungehorsam hart gemacht.«[4] »Es konnte ja auch nicht anders kommen, als daß der betrogene schwache Mensch sich im Besitz der billigen Gnade auf einmal stark fühlte – und in Wirklichkeit die Kraft zum Gehorsam, zur Nachfolge verloren hat. Das Wort von der billigen Gnade hat mehr Christen zugrunde gerichtet als irgendein Gebot der Werke. – Wir wollen das Wort für diejenigen ergreifen, die eben darin angefochten sind, denen das Wort der Gnade erschreckend *leer* geworden ist ... Hier dürfen wir heute nicht mehr ausweichen. Immer deutlicher erweist sich die Not unserer Kirche als die eine Frage, wie wir heute als Christen *leben* können.«[5]

Bonhoeffer spricht hier nur aus, was Gott schon 400 Jahre zuvor einem Seiner auserwählten Werkzeuge gezeigt und gleich der ersten Generation des beginnenden Protestantismus mit Vollmacht hat sagen lassen. Dazu berief und beauftragte Er einen unbestechlich nüchternen Zeugen, nämlich den Reformator Schlesiens: Caspar v. Schwenkfeld[6]. Darüber schreibt der Kirchenhistoriker Walter Nigg: »Enttäuschend, schmerzlich und deprimierend war es, daß in der Reformation gar keine Umgestaltung des *Lebens* stattfand und alles gleich blieb, wie es vorher war. Im Gegenteil, es wurde vielfach noch schlimmer, indem früher die Menschen wenigstens religiöse Anstrengungen unternahmen, um sich den Himmel zu verdienen, während sie jetzt ruchlos ›auf Christi Kreide zechten‹, wie der fatale Schimpf lautete. Für die große Masse wirkte sich die Rechtfertigungslehre als ein sittlich-religiöses Ruhekissen aus ... Der erwachte Schwenkfeld ging den Ursachen nach und stieß auf eine verfehlte Predigtpraxis, die nach seinem Dafürhalten stark am sittlichen Mißerfolg der Reformation schuld war. Die protestantische Predigt mit ihren Behauptungen von der

[4] S. 11.
[5] S. 11 f. (Hervorhebungen von mir. Der Verf.)
[6] Vgl. Karl *Ecke*, Fortsetzung der Reformation – Kaspar von Schwenkfelds Schau einer apostolischen Reformation, 3. Auflage, Gladbeck 1978.

Unfreiheit des Willens und der Unmöglichkeit, die göttlichen Weisungen zu erfüllen, muß konsequenterweise verheerende Folgen nach sich ziehen. Schwenkfeld bewertete das Fehlen der Erneuerung des christlichen Lebens in der Reformation als eine wahre *Katastrophe*...«[7] »Der Gedanke der Heiligung ist im reformatorischen Protestantismus zu kurz gekommen, weshalb dieser dann auch so rasch zur Orthodoxie erstarren konnte. Die Vernachlässigung des Heiligungsstrebens hängt mit der Nichtbeachtung der Aufforderung zur Nachfolge zusammen. In der Bibel nimmt das Anliegen der Heiligung einen zentralen Platz ein. ›Ich bin heilig, und ihr sollt auch heilig sein!‹, heißt es bereits im Alten Testament, und das Neue Testament unterstreicht die Forderung mit Nachdruck: ›Das ist der Wille Gottes: eure Heiligung.‹ Die Verschweigung dieses Befehls empfand Schwenkfeld als die schwächste Stelle des reformatorischen Protestantismus. Er sah darin eine wahre Versündigung an der biblischen Botschaft, die er wiedergutzumachen bestrebt war.«[8]

Hier liegt bis heute der entscheidende Mangel des evangelischen Kirchentums. Deshalb sagt Nigg mit Recht: »Solange der Protestantismus nicht das gesamte Urchristentum in seiner ganzen Fülle aufnimmt, kann er mit keinem neuen Leben in seinen Reihen rechnen. Schwenkfelds innerprotestantische Kritik an der Reformation ist aus echt evangelischem Geiste hervorgegangen. Er legte den Finger auf eine schwärende Wunde, die noch heute nicht geheilt ist.«[9]

Fraglos hat Dietrich Bonhoeffer unsere geistliche Situation genau erfaßt, wenn er sagt: »Hier dürfen wir heute nicht mehr ausweichen.«

Unter diesem Eindruck ist hier niedergeschrieben, wie vom Neuen Testament die Heiligung gesehen wird.

7853 Steinen/Baden, im April 1981

O. S. v. Bibra

[7] Walter *Nigg*, Heimliche Weisheit, 1975, S. 57 f.
[8] a. a. O. S. 67.
[9] a. a. O. S. 59.

1. Die Grundlage der Heiligung

Im göttlichen Heilsplan kommt der Heiligung entscheidende Bedeutung zu, denn Gott will ein heiliges Volk haben.

Das galt schon im Alten Bund hinsichtlich des Volkes Israel (Ex/2 Mose 19, 6).

Aber diesen Bund hat Israel gebrochen (Jer 31, 32).

So verwirklicht sich die göttliche Absicht im eigentlichen und umfassenden Sinne erst auf dem Boden des Neuen Bundes. Für diese Zeit hatte Gott verheißen: »Ich will Mein Gesetz in ihr Inneres hineinlegen und es ihnen ins Herz schreiben« (Jer 31, 33) – und: »Ich will euch ein neues Herz verleihen und euch einen neuen Geist eingeben ... und Ich will solche Leute aus euch machen, die nach Meinen Satzungen wandeln und Meine Weisungen beobachten und tatsächlich ausführen« (Ez 36, 26 a. 27 b). So soll sich Gottes Erwählungsratschluß erfüllen, der darauf hinzielt, »daß wir *heilig* und untadelig vor Seinem Angesicht seien« (Eph 1, 4).

Wie sich die Verheißung erfüllt hat

Die Voraussetzung aber für dieses heilige Leben gemäß den göttlichen Weisungen ist die Sendung des Messias. Denn erst und nur dadurch, daß Jesus als »der Heilige Gottes« (Joh 6, 69) stellvertretend für uns eintrat und sich leibhaftig geopfert hat, *sind wir geheiligt* ein für allemal (Hebr 10, 10). Deshalb konnte der Sohn am Vorabend Seines Sterbens im Hinblick auf Seine Jünger zum Vater sagen: »... und gerade für sie heilige Ich Mich selbst (= weihe Ich Mich zum Opfer), damit auch sie in Wirklichkeit geheiligt seien« (Joh 17, 19). Das heißt: der Sohn gibt sich völlig hin dem Wirken des Vaters, damit auch Seine Jünger ganz zu Werkzeugen und Trägern dieses göttlichen Wirkens werden.

Ein Lernprozeß

So ist der Opfertod des Messias das Fundament unserer Heiligung.

Nach dem Ratschluß des Vaters ist Jesus – als der »letzte Adam« und »Erstling der Entschlafenen« (1 Kor 15, 45 b. 20 b) – für die herausgerufene Gemeinde zum »Bahnbrecher des Lebens« (Apg 3, 15 a) und zum »Haupt« Seines Leibes geworden (Kol 1, 18 a). Und als der Heilige will Er nun alle Glieder Seines Leibes heiligen. Das aber heißt letzten Endes nicht weniger als dies: Er will sie umwandeln in Sein eigenes Bild. Sind wir doch von Gott dazu bestimmt, dem Bild Seines Sohnes gleichgestaltet zu werden (Röm 8, 29).

Das bedeutet freilich für die berufenen Heiligen in dieser Zeit einen wichtigen *Lern*prozeß. So müssen sie im Erdenleben eine entscheidende Bewährungsprobe bestehen, damit das von Gott gesteckte Ziel erreicht werden kann: die Vollendung der Heiligkeit (2 Kor 7, 1).

Dabei geht es allerdings nicht etwa um eine schwere moralische Verpflichtung oder gar um ein unerreichbares Ideal, sondern um eine unerhörte Berufung und mutmachende Verheißung Gottes, eine geschenkte Chance und gebotene Möglichkeit: wir dürfen so werden, wie Er selber ist als »der Erstgeborene unter vielen Brüdern« (1 Joh 3, 3; Röm 8, 29).

Die Gemeinschaft der Heiligen

Gottes Heiligungsabsicht und Vollendungsplan betrifft nicht nur den einzelnen, sondern Sein heiliges Volk im ganzen: die »Gemeinschaft der Heiligen«.

So wie die Heiligen des Alten Bundes nicht ohne die des Neuen zur Vollendung gelangen sollten (Hebr 11, 40), können auch die einzelnen Glieder des Christusleibes nicht ohne ihre Brüder und Schwestern die Heiligung gewinnen.

Eine existentielle Frage

Grundsätzlich ist also durch das Opfer von Golgatha jedem Menschen die Heiligung ermöglicht.

Zu fragen ist nun, wie diese für alle möglich gewordene Heiligung im Leben des jeweiligen Menschen tatsächlich in Kraft tritt.

Davon soll im nächsten Abschnitt die Rede sein.

2. Das Wirksamwerden der Heiligung

Die Heiligung realisiert sich im Leben derer, die auf den Ruf des Evangeliums hin die Umkehr zu Jesus als ihrem Erretter vollzogen haben. In diesem entscheidenden Schritt der Lebensübergabe an den Erlöser liegt ja überhaupt Sinn und Zweck Seines Opfertodes, wie geschrieben steht: »Dazu ist Er für alle gestorben, daß die Lebenden nicht mehr sich selber leben, sondern Ihm, der ihnen zugut gestorben und auferstanden ist« (2 Kor 5, 15). Damit ändert sich die Grundrichtung ihres Daseins: Im Mittelpunkt ihres Denkens, Wollens und Strebens steht nicht mehr das eigene Ich mit seiner Selbstsucht, Genußsucht und Ehrsucht, sondern Jesus als der lebendige Herr. Wer sich Ihm zur Verfügung stellt – mit Leib und Leben (Röm 6, 13 b; 12, 1) –, dem gilt das Wort: »Fürchte dich nicht, denn Ich habe dich erlöst; Ich habe dich bei deinem Namen gerufen; du bist Mein« (Jes 43, 1). Damit wird er Gottes Eigentum, erfährt den Freispruch von aller Schuld und wird mit dem Heiligen Geist versiegelt (Eph 1, 7. 13).

Wer sind die »Heiligen«?

Durch dieses Siegel als göttliches Eigentumszeichen tritt die Heiligung für das Leben der einzelnen in Kraft: Sie haben sich nicht nur abwaschen und rechtfertigen lassen, sondern sind auch »geheiligt« (1 Kor 6, 11). Von jetzt an zählen sie zu den Heiligen des Höchsten. Wenn die Apostel ihre Briefe an die »Heiligen« adressieren, dann sind damit alle die gemeint, die das Leben ihrem Gott geweiht haben und nun nicht mehr sich selbst, sondern Ihm gehören, weil Er Seine Hand auf sie gelegt hat. Dadurch sind sie aus dem Machtbereich der Finsternis herausgerissen und unter die befreiende Herrschaft des Auferstandenen versetzt (Kol 1, 13).

Doppelter Aspekt

Heiligung nach dem Sprachgebrauch des Neuen Testaments hat immer eine doppelte Bedeutung.

Heiligen heißt nämlich: zum Werkzeug des Heiligen, zum Gefäß Gottes machen *und* zu diesem Zweck durchaus absondern, reinigen von allem, was nicht zu Gottes Werk gehört, nicht zu Ihm paßt.[10]

Die erste Bedeutung der Heiligung haben wir soeben besprochen: Weltmenschen werden zu Heiligen dadurch, daß der heilige Gott sie in Seine Gemeinschaft aufnimmt und zu Seinen Werkzeugen macht – Akt *eines Augenblicks*. Daraus aber ergeben sich nun Konsequenzen: Die Heiligen müssen gereinigt und gelöst werden von allem Ungöttlichen, von der Sünde in jeder Form, und müssen sich selbst von der Welt unbefleckt erhalten (Jak 1, 27 c) – ein Geschehen *auf Dauer*.

So geht es also stets um diesen doppelten Aspekt:

a) Die Heiligung ist zunächst ein *einmaliger* göttlicher Akt, der durch die Versiegelung mit dem Heiligen Geist – definitiv – an denen geschehen ist, die bei ihrer Umkehr und Wiedergeburt den alten Menschen abgelegt und den neuen angelegt haben (Kol 3, 9 f.).

b) Sodann aber ist die Heiligung ein *fortlaufendes* göttliches Geschehen, das sich durch das erneuernde Wirken des Heiligen Geistes – ständig – an denen vollzieht, die sich heiligen lassen. Davon wird das nächste Kapitel handeln.

Vorher aber muß noch auf einen ernsten Tatbestand hingewiesen werden.

Vom Fluch der Halbheit

Viele »Christen« lassen es daran fehlen, auf die Heiligungsabsicht Gottes ernsthaft einzugehen. Sie halten vielmehr oft – bewußt oder unbewußt – an etwas Widergöttlichem, wovon sie befreit werden sollten (sei es eine Sünde, ein Hobby, eine

[10] Nach Ralf *Luther*, Neutestamentliches Wörterbuch, 19. Aufl., Gütersloh 1980, Artikel »Heiligung«.

Leidenschaft, ein Götze oder eine Gebundenheit) fest, weil sie die Lust, die sie daran haben, nicht missen wollen. Andere entziehen bestimmte Gebiete ihres Lebens der Besitzergreifung durch den Heiligen Geist, um hier doch ihre Eigenständigkeit beibehalten zu können. Bei solchen Vorbehalten und Kompromissen muß aber die Nachfolge unweigerlich scheitern, denn der Herr meint es ernst, wenn Er sagt: »*Keiner* von euch, der nicht absagt allem, was er hat, kann Mein Jünger sein« (Lk 14, 33).[10a]

[10a] Deshalb gibt Theodor *Jellinghaus* allen denen, »die da hungern und dürsten nach Gerechtigkeit, Sieg und Leben in Jesus«, u. a. folgenden Ratschlag: »Entsage in der Glaubenshingabe an die dir nahe und gegenwärtige Kraft des Todes Jesu jetzt und für immer jeder erkannten Sünde, jeder Ehrsucht, Habsucht und Genußsucht, jeder Lieblosigkeit, jeder eigenwilligen Selbstregierung und jeder zweifelhaften Sache, die du nicht aus dem Glauben tun kannst . . . Entsage auch allen eigenwilligen Plänen, Zielen und Idealen und aller feineren Abgötterei mit Menschen oder Sachen, damit du als ein von irdischer Furcht und irdischer Hoffnung erlöster Christ im Frieden leben kannst . . .« (Sieg und Leben, 4. Auflage, Neumünster 1902. S. 17.22f.)

3. Der tägliche Vollzug der Heiligung

Wie vollzieht sich die fortlaufende Heiligung inmitten der täglichen Versuchungen?

Da die Heiligung unseres Lebens, wie wir sahen, grundlegend Gottes Werk und Gottes Gabe für uns ist, kann sie im konkreten Vollzug an uns auch nur als Gnadengeschenk empfangen und nur kraft des Heiligen Geistes verwirklicht werden. Dies wird leider von vielen verkannt.

Vom Holzweg der Selbstheiligung

Es herrscht die Ansicht, im Unterschied zur Rechtfertigung, die nur aus Gnaden durch den Glauben empfangen werden kann, müsse die Heiligung vom Menschen durch Ringen und Kämpfen zustande gebracht werden.

Die Christen fassen also gute Vorsätze, und in den jeweiligen Versuchungen reißen sie sich zusammen. Wenn es hoch kommt, setzen sie sich unter Aufbietung aller Kraft zur Wehr, um auf diese Weise die Sünde unter ihre Füße zu bekommen. Erfahrungsgemäß aber geht dieser Weg von einer Niederlage zur anderen. Zwar tröstet man sich damit, daß ja für das ständige Sündigen auch ständig neue Vergebung zu haben sei und deshalb die Sünde nicht schaden könne. Außerdem beruhigt man sich bei dem Gedanken, daß nach der geltenden Lehre der Kirche das Sündigen unentrinnbar, ja unvermeidlich sei[11]

[11] Vgl. dazu Otto *Etzold,* Gehorsam des Glaubens – Die Botschaft des Römerbriefs an die heutige Christenheit, Gütersloh 1947, S. 219: »Wer so negativ lehrt: der Christ könne Gottes Willen ja doch nicht tun, es sei auch eigentlich nicht nötig, wir wären ja auch im Sündigen gerecht, falls wir nur an die Gnade glaubten, der ärgert, d. h. schädigt die Christenheit, denn er lähmt und hemmt ihr jeglichen Mut, überhaupt Gottes Willen zu tun. Dem wäre darum besser, daß ein Mühlstein an seinen Hals gehängt und er ersäuft würde im Meer, da es am tiefsten ist. Solch eine Verkündigung wirkt sich aus als *billiger Ablaß,* den sich jeder selbst spendet, und hat Gottes Volk (wie seinerzeit Aaron durch die Sanktionierung der Sünde: Ex 32, 25) zuchtlos gemacht.« – Darauf hat übrigens schon Claus Harms in seinen »95 Thesen zum Reformationsjubiläum 1817« hingewiesen, wenn er dort folgendes schreibt: »Die Vergebung der Sünden kostete doch im 16. Jahrhundert Geld, im 19. hat man sie ganz umsonst, denn man bedient sich selbst damit.«

und also zum normalen Christenleben dazugehöre. Schon Paulus habe gesagt: »Nicht das Gute, das ich will, tue ich, sondern was ich nicht will, das Böse, das tue ich« (Röm 7, 19).

Aber kann sich diese Anschauung vom unvermeidlichen Sündigen des Christen mit Recht auf Paulus in Röm 7 berufen? Ganz und gar nicht!

Röm 7: ein mißverstandenes Kapitel

Es ist ein grundlegender Irrtum, anzunehmen, daß in Röm 7, 14–24 das normale Leben eines *Christen* geschildert sei. In Wirklichkeit soll hier der Zustand des Menschen *unter dem Gesetz* beschrieben werden, der sich noch in dem aussichtslosen Bemühen um *Selbstheiligung* abquält und aus eigener Kraft versucht, mit der Sünde fertig zu werden, dabei aber doch immer wieder verzweifelt feststellen muß: Ich bin gefangen genommen unter den Zwang der Sünde (V. 23 b).[12] Das ist aber genau das Gegenteil dessen, was Paulus jubelnd in Röm 6 und 8 über das Befreitsein der Erlösten schreibt (z. B. Röm 6, 17–18; 8, 2).

Aber auf Grund dieser unzutreffenden und irreführenden Deutung von Röm 7, 14–24 haben sich die Christen längst mit dem Verhängnis ihres Versklavtseins an die Sünde abgefunden, so daß heute die Lage in der Christenheit folgendermaßen aussieht: Obwohl die in diesen Versen aus Röm 7 beschriebene Erfahrung keineswegs der Normalzustand der Wiedergeborenen sein sollte und zu sein brauchte, ist er es doch tatsächlich.

Das darf aber nicht so bleiben!

[12] Daß Paulus seine vergangene Lage des Versklavtseins an die Sünde in der Redeform der Gegenwart, dem Präsens, beschreibt, hat nur darin seinen Grund, daß er sich intensiv in jene Lage zurückversetzt. Dabei will er nicht einmal behaupten, daß er subjektiv seine Lage damals so empfunden und erlebt hätte. Vielmehr gibt er (in der Ich-Form) eine grundsätzliche Charakterisierung der Situation des unter dem Gesetz stehenden Menschen, und zwar so, wie sie dem Auge des vom Gesetz durch Jesus Befreiten sichtbar geworden ist. Diese Auffassung von Röm 7 wird heute überall in der wissenschaftlichen Exegese vertreten, ohne Rücksicht auf die sehr verschiedenen eigenen theologischen Gedanken der Ausleger (Paul *Althaus,* Paulus und Luther über den Menschen. Ein Vergleich, Gütersloh 1938, S. 23).

Die echte Befreiung

Kraft Seines Ostersieges will sich Jesus als Befreier erweisen, indem Er uns von aller gesetzlichen *Selbstheiligung wegruft.* Er will uns die Augen dafür öffnen, daß die Heiligung auf gar keinem anderen Wege zu erlangen ist als die Rechtfertigung: nur aus Gnaden durch den Glauben.

Das soll uns an folgender paulinischer Gedankenführung deutlich werden:

»So sind wir deshalb durch die Taufe in den Tod mit Ihm zusammen begraben worden, damit, gleichwie der Messias auferweckt worden ist aus den Toten durch die Siegesgewalt des Vaters, ebenso auch *wir* in Neuheit des Lebens wandeln ... Dies wissen wir also: Unser alter Mensch ist deswegen mitgekreuzigt worden, damit der Leib der Sünde außer Wirksamkeit gesetzt sei, so daß wir jetzt nicht mehr der Sünde sklavisch zu dienen brauchen.« (Röm 6, 4. 6).

Als selbstverständlich wird bei den Briefempfängern vorausgesetzt, was man allerdings bei den heutigen »Feld-, Wald- und Wiesenchristen« (P. W. Busch) absolut *nicht* voraussetzen kann: Sie haben eine echte Umkehr vollzogen und ihr Leben ohne Vorbehalte dem Auferstandenen ausgeliefert. Damit aber haben sie dem heiligen Gott in Seinem Todesurteil über uns recht gegeben und dementsprechend ihr altes Leben abgebrochen = in den verdienten Tod gegeben. Symbolisch gesprochen: Sie haben sich bei der Taufe durch Untertauchen »begraben« lassen zusammen mit Jesus.[13] Das ist aber nur die eine Seite des Vorgangs, sozusagen die negative. Dazu kommt nun der andere, der positive Aspekt:

So wie der Messias nicht im Grab geblieben, sondern am dritten Tag auferweckt worden ist, sind auch die Seinen zusammen mit Ihm zu einem neuen Leben auferweckt worden (V. 4). Dabei ist ihr »Sündenleib« zwar noch nicht verschwunden, wohl aber »außer Wirksamkeit gesetzt« (V. 6 b), solange sie in

[13] »Luther wich von den Aussagen des Paulus bedenklich ab«, indem er von einem »Ersäufen des alten Adam« sprach, »das offenbar wir selber durch ›tägliche Reue und Buße‹ zu bewirken haben. Unser ›Tun‹ ist in Wirklichkeit ein *ganz anderes:* Paulus wird davon gleich noch sprechen ...« (Oberkirchenrat Dr. Werner *de Boor* in der Wuppertaler Studienbibel, Römerbrief, 1962, S. 144. Hervorhebungen meist von mir. Der Verf.)

Jesus sind. Das zeigt sich konkret daran, daß sie jetzt der Sünde nicht mehr versklavt sind (vgl. V. 6 c!).[14] Und das heißt praktisch: Sie können wohl noch sündigen (und wenn sie nicht achtgeben, *werden* sie auch sündigen), aber müssen es nicht mehr.

Rechtslage völlig verändert

Um diese neue Situation in ihrer eminenten Tragweite zu erfassen und deren Konsequenzen konkret erfahren zu können, müssen wir weiter auf Paulus hören. Deshalb hier noch zwei besonders wichtige Verse aus dem gleichen Zusammenhang: »Den Tod, den Er erlitten, hat Er der Sünde ein für allemal als Tribut entrichtet; Sein Leben aber ist Leben für Gott. Ebenso auch *ihr:* rechnet nur fest damit, daß ihr tot seid für die Sünde, mit eurem Leben aber Gott zur Verfügung steht im Messias Jesus, unserem Herrn!« (Röm 6, 10–11).[15] Was heißt das?

[14] Gerade auch diese Stelle Röm 6, 6 hat Luther erheblich umgebogen, wenn er sie so auslegt, als ob es darum ginge, daß wir unsrerseits »die Begierden des Fleisches und des alten Menschen zerbrechen *durch Mühen der Buße* und des Kreuzes und sie so von Tag zu Tag mindern und ertöten« (M. A. Erg. II, S. 245). Das ist ungefähr das Gegenteil dessen, was eigentlich im Text steht. Denn Paulus will doch sagen, daß wir durch unser eigenes »Mühen« es eben gerade *nicht* schaffen, die Sünde und den alten Menschen zu überwinden (siehe Röm 7!). Wirklichen Sieg erfahren wir vielmehr *nur* dadurch, daß wir im Glauben die befreiende Tatsache ergreifen, die vom vollbrachten Opfer Jesu her gilt: wir *sind* mitgekreuzigt. Näheres dazu (wie zur Heiligung überhaupt) in: *O. S. v. Bibra,* Die Bevollmächtigten des Auferstandenen, 10., neubearbeitete und ergänzte Auflage, Stuttgart und Gladbeck 1981 S. 67–128.

[15] Vgl. dazu *Georg Steinberger,* Das Geheimnis eines siegreichen Lebens, 19. Aufl., 1937, S. 15: »Hier und hier allein ist der Weg, auf dem man von Sieg zu Sieg geht; hier habe ich das Geheimnis eines siegreichen Lebens gefunden. Ohne Röm 6 zu verstehen und zu leben, kann man unmöglich ein Christ sein, der mit Freuden singt vom Sieg in den Hütten der Gerechten. Und ich bin tief davon überzeugt, der Teufel hat es auf nichts so sehr abgesehen, als gerade diese Wahrheiten, die uns ein siegreiches Leben geben, zu verdecken. Er hat nichts dagegen, wenn man viel von Heiligung den Leuten predigt und diese Wahrheit von Röm 6 umgeht; er ist sicher, bald alle diese Heiligungsleute müde am Wege liegen zu finden. Denn es gibt nichts Ermüdenderes und Entmutigenderes, als aus eigener fleischlicher Kraft erringen zu wollen, was nur der heilige Gottessohn erringen konnte.« (Neuaufl., Stuttgart 1975.)

Durch den Opfertod des Gekreuzigten hat Satan jeglichen Rechtsanspruch an diejenigen verloren, die ihm bisher versklavt waren. Nun liegt es an jedem einzelnen, der die Erlösung angenommen hat, mit dieser neuen Rechtslage im Glauben *zu rechnen* und den Feind bei seinen ständigen Angriffen unter Berufung auf den Sieg unseres Bürgen einfach abzuweisen. Es gilt zu zeigen, daß wir – einfältig, vertrauensvoll, beharrlich, sieghaft – auf dem Boden der vollbrachten Erlösung wirklich stehen bleiben. Es gilt zu zeigen, daß wir nicht gewillt sind, dem Teufel auch nur die geringsten Zugeständnisse zu machen und ihm Rechte einzuräumen, die ihm zwar bei der übrigen Menschheit noch zustehen, die aber ein für allemal *erloschen* sind bei denen, die dem Befreier angehören.

Satan ist entwaffnet

Eben darin hat sich die Situation der Menschheit durch das Ereignis des Karfreitags *fundamental* verändert: Bis dahin war sie so versklavt an den »Beherrscher dieser Welt«, daß er sie jederzeit zum Sündigen zwingen konnte. Diesen Zustand hat der Herr im Auge, wenn er feststellt: »Jeder, der die Sünde ausführt, ist ein Sklave« (Joh 8, 34). – Nun aber ist Satan durch den Gekreuzigten, der sich als der Stärkere erwies, aus dem Sattel gehoben (Mt 12, 29). So kann er jetzt seine Gewalt nur noch über diejenigen ausüben, die es ihm erlauben. Jedoch allen denen gegenüber, die sich in Jesus bergen, weil Er sie freigekauft hat und ihr Leben Ihm geweiht ist, muß der Versucher sich geschlagen geben: Es erweist sich, daß er mit seinem gesamten Anhang (den Geistern und Mächten der Finsternis) durchs Kreuz völlig *entwaffnet* ist (Kol 2, 15). Widersetzen wir uns also seinen unentwegten Angriffen auf diese Weise, indem wir uns auf den Namen JESUS und auf dessen Kreuzessieg berufen, dann muß Satan die Flucht ergreifen. Genau das meint auch Jakobus: »Widersteht dem Teufel, so wird er von euch fliehen« (4, 7 b). Es bleibt also dabei: Der Böse, unser hartnäckiger Feind, darf die Heiligen des Höchsten, solange sie in Jesus sind, nicht antasten (1 Joh 5, 18 b).

Geborgen allein in Jesus

Soll sich nun die Heiligung in unserem Alltagsleben realisieren, kommt es darauf entscheidend an: daß wir in Jesus *sind* und in Ihm *bleiben.* Dann gilt uns nämlich die Zusage: »Jeder, der in Ihm bleibt, sündigt nicht« (1 Joh 3, 6 a). Haben wir doch einen Herrn, der imstande ist, uns zu bewahren vor jedem Straucheln (Jud 24 a). Er ist aber nicht nur fähig dazu, sondern auch willens und freudig bereit, uns Seine bewahrende Macht konkret zu zeigen – sofern wir nur in Ihm bleiben.

Freibrief zum Sündigen?

Hier setzt nun der Feind wieder ein: Das Bleiben in Jesus ist unmöglich! Das flüstert er uns nicht nur heimlich zu, sondern läßt es unter der Überschrift »Nüchternes Christentum« öffentlich verkündigen. Die Argumente dazu liefert sogar die gängige Lehre der Kirche. Schon seit Jahrhunderten ist er mit diesem Konzept erfolgreich gewesen, und willige Zustimmung findet er auch heute noch. Es ist ja auch so einleuchtend und beruhigend. Gibt es dieses Bleiben nämlich nicht, sondern nur den gewohnten ständigen Wechsel zwischen Fallen und Wiederaufstehen, ein ständiges Auf und Ab, dann ist man ja entschuldigt, dann ist alles halb so schlimm. Ist es unvermeidlich, täglich viel zu sündigen in Gedanken, Worten und Werken, dann kommt es auf ein bißchen mehr oder weniger Sündigen nicht an. So wird dann die überlieferte und sanktionierte Anschauung für viele Christen unversehens ein vermeintlicher Freibrief zum Sündigen.

Raffinierte Taktik des Feindes

Als Satan den Herrn versuchte, hat er auch gleich die Schablone geliefert, wie man die Bibel mißbrauchen kann (Mt 4, 6). So mißbraucht man auch die Stelle 1 Joh 1, 8.10 zur Untermauerung der These, daß Sündigen zwangsläufig zum normalen Christenleben dazugehöre. Dabei aber wird geflissentlich verschwiegen – der teuflische Betrug könnte sonst auffliegen –, in welcher Absicht Johannes diese Sätze schrieb. Seine eindeutige Absicht lautet nämlich: »Dies schreibe ich euch, damit ihr – *nicht* sündigt« (2, 1a). Johannes ist also weit davon entfernt, mit dem zuvor Gesagten seine Leser beruhigen zu wollen über ihrem Sündigen, sondern er will sie vielmehr zu dem Vertrauen anspornen, daß Gott sie von *jeder* Ungerechtigkeit reinigen (1, 9 c) und demgemäß sie vor dem Sündigen hinfort *bewahren* will (1 Joh 3, 6 a). Der Teufel aber benützt diese Bibelstelle dazu, den Christen einzureden, sie könnten um so beruhigter weitersündigen.[16]

Wie aber verhält es sich nun in Wirklichkeit – nach den untrüglichen Aussagen der Schrift – mit dem Bleiben in Jesus?

Eine schlimme Unterstellung

Der Herr selbst ist es, der die Aufforderung an uns richtet: *»Bleibt in Mir!«* (Joh 15, 4 a). Angesichts dieses klaren Wortes ist es eine unerlaubte und unerhörte Unterstellung, annehmen zu wollen, es sei ausgesprochen worden mit dem geheimen Hintergedanken: Wenn sie es probieren, dann werden sie bald merken, daß es unmöglich ist. Nein! Nicht als unerfüllbare Forderung, nicht als unerreichbares Ideal ist dieses Wort gemeint. Mit illusionären Idealen hat Jesus Seine Zuhörer nie

[16] Wie recht hat *Ralf Luther,* wenn er als kirchengeschichtliche Erfahrung folgendes feststellt: »Das falsch ausgelegte und falsch angewandte Bibelwort war zu allen Zeiten die mächtigste Waffe in der Hand des Feindes«! (Neutestamentliches Wörterbuch, Art. »Teufel«.) – Eine in ähnlicher Weise wie 1 Joh 1, 8 viel mißbrauchte Bibelstelle ist das Pauluswort in Phil 3, 12 a. Dazu schreibt Werner *de Boor,* man argwöhne in der theologischen und kirchlichen Polemik hinter jedem Aufruf zur wirklichen Heiligung des Lebens immer gleich Perfektionismus. Da schienen diese Worte des Paulus die willkommene Waffe zu sein. »Aber damit hatte man es wieder einmal so gemacht, wie unsere böse Unart es gern tut: Man hatte die Hälfte eines Bibelwortes genommen, um daraus die handliche Waffe zu machen, die man dem theologischen oder kirchlichen Gegner über den Kopf schlug. Die andere Hälfte aber übersah man... Der Gegner ist nicht der ›Perfektionismus‹, sondern der ›Quietismus‹ (also die Neigung zur vorschnellen Beruhigung und Lässigkeit).« (Wuppertaler Studienbibel, Philipper- und Kolosserbrief, 1957, S. 121 f.)

behelligt. Als nüchterner Realist stand Er bei allem, was Er sagte, mitten im Leben. Deshalb ist jedes Wort aus Seinem Munde ganz ernst zu nehmen. Wir allerdings müssen das erst wieder lernen. Zu lange war es unter uns üblich, die Bibel so zu lesen, daß durch sie die eigene Erfahrung bzw. die überlieferte Anschauung bestätigt wurde. Und dort, wo nun etwas anderes geschrieben steht, mußte die jeweilige Bibelstelle durch theologische Kunstgriffe so umgebogen werden, daß schließlich wieder die gewünschte Bestätigung herauskam.[17]

Nicht länger ausweichen!

Wir wollen also den Mut haben, uns diesem Wort des Herrn: »Bleibet in Mir!« ehrlich zu stellen. Wir wollen unser Leben im Licht dieses Wortes prüfen vor dem Angesicht dessen, der es am Gründonnerstag damals in Jerusalem gesprochen hat und es jetzt zu uns spricht. Wenn diese Anrede des gegenwärtigen Herrn für uns Gericht und Zerbruch bedeutet, dann wollen wir uns beugen, unser Versagen und unsere Entschuldigungsversuche mit Beschämung bekennen und bitten: »Herr, vergib, daß ich bisher so leichtfertig mit Deinem Wort umgegangen bin. Weder auf Deinen Anspruch noch auf Deine Verheißung bin ich eingegangen. Deshalb fehlte meinem Leben Leuchtkraft und Glaubwürdigkeit. Dein Heiliger Geist wirke in mir das Wollen und das Vollbringen alles dessen, was du von mir erwartest. Dein Wort realisiere sich in meinem Leben zu Deiner Ehre.«

[17] Ein Beispiel dafür ist auch Röm 8, 2: die Aussage über die bereits erfolgte und in Kraft stehende Befreiung von den Fesseln der Sünde. Dazu sagt *W. de Boor:* »Wir wollen das einfache, klare Zeugnis ›*Das Gesetz des Geistes hat dich freigemacht!*‹ nicht durch theologische Bedenklichkeiten in das halbe oder ganze Gegenteil umwandeln. Die Theologie ist seltsam groß in solchen Künsten.« (W. Stb., Römerbrief, 1962, S. 180.)
– Auch *Adolf Schlatter* weist darauf hin, wie sehr es darauf ankommt, daß wir der Heiligen Schrift »ein unbefangenes Ohr zuwenden und sie nicht sofort mit der vorhandenen Tradition vermengen, sondern unsere eigenen Gedanken mit entschlossenem Gehorsam auf die Seite stellen, um ihre Aussage zu vernehmen«.

Das ist die richtige Basis, nun ernsthaft zu fragen: Wie hat sich unser Herr Jesus für Seine wiedergeborenen Jünger – für andere Christen steht es allerdings nicht zur Debatte, sie sollten deshalb hier auch nicht mitreden! – dieses Bleiben gedacht? Seine Antwort lautet: »Wie der Vater Mich in Seine Liebe aufgenommen hat, so habe Ich euch in Meine Liebe aufgenommen. Nun bleibt nur in Meiner Liebe! Wenn ihr aufmerksam auf Meine Weisungen (oder: Aufträge) achtet, werdet ihr ebenso in Meiner Liebe bleiben, wie Ich selbst genau die Aufträge Meines Vaters befolgt habe und so in Seiner Liebe bleibe« (Joh 15, 9–10).[18]

Demnach sah der Herr für uns *kein Problem* darin, in Ihm zu bleiben. Hat Er uns in Seine Liebe aufgenommen und als Bestätigung dafür uns durch den Heiligen Geist ein neues Herz geschenkt, dann ist die Voraussetzung dazu geschaffen, daß wir in Seiner Liebe auch bleiben können. Dazu bedarf es dann keiner besonderen Anstrengungen, keiner geistlichen Klimmzüge mehr.[19] Vielmehr ist es für diejenigen, die aufgenommen sind in Seine Liebe, das allernächstliegende, nun auch in ihr zu bleiben: voll Dank und Freude. Im übrigen legt uns der Herr nahe, es einfach so zu halten, wie wir es an Ihm sehen. Er war mit Seinem ganzen Herzen und Willen stets auf die Aufträge Seines Vaters ausgerichtet. Diese auszuführen, war seine Speise (Joh. 4, 34). Davon lebte Er; das war seines Daseins Erfüllung. So ist Er allezeit in des Vaters Liebe geblieben. Ebenso hat Er sich dies auch für uns vorgestellt. So ist es uns zugedacht und ausdrücklich verheißen. Wenn wir uns in der gleichen Weise wie Er mit allen Fasern unseres Herzens auf

[18] Vgl. dazu *O. S. v. Bibra,* Faßt nur Mut! Die befreiende Botschaft der Abschiedsreden Jesu neu übersetzt und erklärt, 2. erweiterte Auflage, Gladbeck 1981, S. 34–37.

[19] »Lange glaubte ich, das Bleiben in Jesus sei eine sehr hohe Errungenschaft, und ich fühlte mich nicht stark genug, zu dieser Stufe der Vollkommenheit hinaufzuklettern. Der Heilige Geist hat mich gelehrt, daß es keiner Stärke bedarf, wenn man in Jesus bleiben will . . . Ich glaube, wir bleiben nicht in Jesus, nicht weil wir zu schwach, sondern weil wir zu stark sind. Es ist so köstlich zu wissen, daß dieser Stand des Bleibens gar keiner Kraft bedarf.« (Hudson *Taylor,* Das ausgetauschte Leben, Bad Liebenzell 1980, S. 19.)

Seinen Willen einstellen, um Seine jeweiligen Aufträge mit Freuden auszuführen, dann wird es auch uns in der gleichen Weise wie Ihm möglich sein, in Seiner Liebe zu bleiben.

Ein alarmierender Vergleich

Will jemand einwenden, der Vergleich passe nicht, denn schließlich sei Jesus doch der Sohn Gottes gewesen, und damit ergebe sich für Ihn ein heiliges Leben von selbst, so ist dazu zu sagen: Erstens muß der Vergleich auf jeden Fall passend sein, sonst hätte ihn der Herr nicht gebraucht, und zweitens hat sich Jesu heiliges Leben keineswegs automatisch aus der Gottessohnschaft ergeben. Anders wäre es, wenn Jesus in göttlicher Natur auf die Erde gekommen wäre, dann allerdings hätte er überhaupt nicht sündigen können. In Wirklichkeit aber hat der Sohn Gottes sich seiner göttlichen Natur bei der Menschwerdung freiwillig *entäußert* (Phil 2, 6–8): Gerade darin liegt ja Seine anbetungwürdige Selbsterniedrigung, daß Er Mensch wurde *wie wir*. Das müssen wir uns mit allen Konsequenzen vor Augen halten: so völlig ist Er in unser Menschsein eingegangen, daß Er allen menschlichen Versuchungen, Anfechtungen, Prüfungen, Nöten und Belastungen ausgesetzt war *wie wir*. Deshalb heißt es ausdrücklich in der Schrift, Er sei »versucht worden in jeder Hinsicht auf ganz die gleiche Weise« *wie wir,* und es bedeutet *um so mehr,* daß Er trotzdem »ohne Sünde« geblieben ist (Hebr 4, 15 b). Dieses heilige Leben konnte Er nur deshalb führen, weil Er sich allezeit vom Heiligen Geist leiten ließ, – heißt es doch ausdrücklich von Ihm, Er habe *»kraft des ewigen Geistes«* sich selbst als fehlerloses Opfer Gott dargebracht (Hebr 9, 14). Das bezieht sich aber nicht nur auf Sein Sterben am Kreuz, sondern auf Seinen gesamten Weg über diese Erde. Denn Sein ganzes Leben ist eine *ständige* Selbstopferung kraft des ewigen Geistes gewesen; nur deshalb war es ohne Sünde.[20] – Und derselbe Geist ist ausgegossen in *unsere*

[20] Dazu sagt Prof. *Michel* mit Betonung: »Die Sündlosigkeit Jesu ist auch nur eine *Folge* der Gabe des Geistes, seiner Geduld und seines Gehorsams, ein Ereignis, aber kein ›Zustand‹. Man darf sie nicht als eine Eigenschaft oder eine Qualität seiner ›Natur‹ ansehen. ›Sündlosigkeit‹ *ereignet sich* als Anbruch einer *neuen Wirklichkeit,* man ›*hat*‹ sie aber nicht . . . ›Sündlosigkeit‹ ist ferner Aus-

Herzen, damit auch wir fähig werden, in Seiner Kraft ein heiliges Leben der Hingabe und Selbstverleugnung zu führen. So kann der Sohn Gottes mit vollem Recht den erwähnten Vergleich zwischen sich und Seinen geisterfüllten Jüngern ziehen.

Die inspirierte Erklärung dazu

Den authentischen Kommentar für die inhaltsschwere Aussage des Herrn in Joh 15, 10 gibt uns der Apostel Johannes, wenn er schreibt: »Und eben daran merken wir, daß wir Ihn (wirklich) kennengelernt haben, wenn wir Seine Aufträge genau befolgen. Wer da behauptet: ›Ich habe Ihn kennengelernt‹, und doch Seine Weisungen nicht befolgt, der ist ein Lügner, und in einem solchen wohnt die Wahrheit nicht. Wer aber auf Sein Wort achtet, wahrhaftig: in dem ist die Liebe Gottes ans Ziel gelangt (zur Vollendung gekommen).[21] Daran merken wir, daß wir in Ihm sind. Wer da sagt, er (sei und) bleibe in Ihm, der ist verpflichtet, wie Er – Jesus – gelebt hat, auch selber ebenso zu leben« (1 Joh 2, 3–6).

Heiligung und Nachfolge

Wie der Herr in Joh 15, 10 auf das Vorbild Seines eigenen Lebens und Gehorsams hinweist, tut Er es auch mit dem bekannten Wort: »Nehmt auf euch Mein Joch und *lernt von*

druck der Überwindung der Versuchung, hängt also mit der Tatsache der Versuchlichkeit und der Versuchungen Jesu aufs engste zusammen und darf von diesem Boden nicht gelöst werden.« (Aus: Otto *Michel,* Der Brief an die Hebräer, Göttingen 1949, S. 127. Hervorhebungen im Original.)

[21] Auch in 1 Joh 4, 12 ist davon die Rede, daß Gottes Liebe »in uns vollendet = zum Ziel gekommen ist«. Vgl. *W. de Boor* z. St.: »Verfällt aber der Apostel nicht dem viel gescholtenen ›Perfektionismus‹, wenn er die Liebe Gottes *›vollendet in uns‹* sieht? Es ist zunächst zu beachten, daß das Prädikat ›vollendet‹ nicht von unserer Liebe untereinander, sondern von ›Seiner‹, also von Gottes Liebe gebraucht wird. Was kann Gott hindern, in freier Gnade Seine Liebe ›vollendet‹, ›vollkommen‹ in uns wohnen zu lassen? Oder wollen wir dann auch Gott des Perfektionismus beschuldigen? . . . Wenn wir einander lieben und in der Liebe leben, dann ist Gottes Liebe in uns ›zum vollen Ziel gekommen‹.« (W. Stb., Die Briefe des Johannes, 1974, S. 128.)

Mir« (Mt 11, 29). So hat Er ein Vorbild hinterlassen, damit wir Seinen Fußstapfen nachfolgen (1 Petr 2, 21). Nur in der praktischen Nachfolge ist die Heiligung zu verwirklichen. Und Nachfolge gibt es nicht ohne Selbstverleugnung: »Wenn jemand entschlossen ist, hinter Mir herzugehen, der verleugne sich selbst und nehme sein Kreuz auf sich, und so folge er Mir nach« (Mt 16, 24). Selbstverleugnung aber heißt: darauf verzichten, sein eigener Herr zu sein; das eigene Ich nicht mehr als maßgebend gelten lassen, mit ihm nichts zu tun haben wollen.

Was bedeutet der Ruf in die Nachfolge?

Leider wird der Ruf in die Nachfolge weithin nur als Forderung aufgefaßt, ja oft sogar als Zumutung empfunden. Wenn Jesus aber sagt: »Folge Mir nach!«, dann soll das nicht so sehr heißen: du mußt Ihm nachfolgen!, als vielmehr: du darfst dich Ihm anschließen, – Er ist für dich da, – Er möchte dich gern in Seiner Nähe haben, – Er kann dich als Werkzeug gebrauchen und hat Aufträge für dich, – du bist Ihm willkommen. Nicht um eine harte Forderung geht es, sondern um eine Einladung, um das Angebot eines neuen und erfüllten Lebens. Und wer auf dieses Angebot eingeht, der erfährt in zunehmendem Maß: »Nachfolge ist Freude« (Bonhoeffer).

Und das Motiv zur Nachfolge?

Nun kommt es freilich sehr auf den Beweggrund zur Nachfolge an. Danach werden wir uns vom Herrn selbst fragen lassen müssen. In diesem Zusammenhang sei erinnert an jenes Gespräch in denkwürdiger Morgenstunde am See von Tiberias zwischen Simon Petrus und dem Auferstandenen (Joh 21, 15 ff.). Da fragt der Herr Seinen Jünger, hinter dem das Versagen vom Gründonnerstagabend liegt, nicht nach seinem Glauben, nicht nach seinem Bekennermut, nicht nach seiner Gehorsams- und Leidensbereitschaft, sondern nur nach einem einzigen: nach seiner Liebe. Dreimal wird Simon nach seiner Liebe zu Jesus gefragt.

Werden *wir* wohl nach etwas anderem gefragt werden? Und werden wir so antworten können wie Simon?

Sicher ist jedenfalls: Wenn die brennende Liebe zu unserem Herrn Jesus das Motiv für unsere Nachfolge ist, dann wird die Nachfolge zur Freude unseres Lebens werden, ja dann haben wir die vollkommene, die vollendete und nicht mehr zu überbietende Freude darin gefunden, ganz nahe bei Jesus, unserem geliebten und unvergleichlichen Herrn leben zu dürfen (Joh 15, 11). Und dann wird es uns auch ein Herzensanliegen werden, Ihn durch ein heiliges Leben zu ehren. Dann werden wir es als höchstes Vorrecht empfinden, von unserem himmlischen Herrn schon auf Erden als Werkzeug gebraucht zu werden, von Ihm immer wieder Aufträge empfangen und ausführen zu dürfen – »aus Dank und Liebe« (W. Löhe).

Das hat der Herr im Auge mit dem Wort: »Wenn ihr Mich (wirklich) liebt, werdet ihr mit gespannter Aufmerksamkeit auf Meine Aufträge achten« (Joh 14, 15).[22]

Und Johannes bestätigt es jubelnd aus der Erfahrung seines Lebens mit Jesus, wenn er schreibt: »Dies nämlich ist die Liebe zu Gott, daß wir genau auf Seine Aufträge achten, und Seine Aufträge sind nicht schwer,[23] denn alles, was aus Gott geboren ist, überwindet die Welt; und dies ist der *Sieg*, der die Welt überwunden hat: unser Glaube« (1 Joh 5, 3–4).

[22] Vgl. die Erklärung dieser bedeutsamen Aussage in: *O. S. v. Bibra*, »Faßt nur Mut!«, S. 21–23.

[23] »Aber stimmt denn das? Haben wir nicht genau das Gegenteil gelernt, daß sie überaus schwer, ja vollkommen unerfüllbar sind? Hat Paulus es nicht geschildert: ›Als das Gebot kam, ward die Sünde lebendig. Ich aber starb; und es fand sich, daß das Gebot mir zum Tode gereichte, das mir doch zum Leben gegeben war‹ (Röm 7, 9. 10)? Aber dieser unter dem Gebot ›sterbende‹ Mensch ist nicht der ›aus Gott geborene‹, den Johannes vor sich sieht, nicht der, der als von Gott Geliebter selber wahrhaft ›liebt‹. Von dem aus Gottes Geist neugewordenen Menschen hat auch Paulus in Röm 8 völlig anders geredet (Anm.: Es wird hier aufs neue sichtbar, wie wir den Gegensatz zwischen Röm 7 und Röm 8 klar erkennen müssen. Sehen wir in Röm 7 den ›Christen‹ geschildert, dann kommen wir nicht nur mit Röm 8, sondern auch mit den Aussagen des Johannes in Konflikt), und er weiß und bezeugt, daß ›die Liebe des Gesetzes Erfüllung ist‹ (Röm 13, 10).« Für die Liebe ist der Gehorsam »nicht schwer«. Es ist ihr »Freude«, so wie es für den Sohn Gottes seine Speise war, den Willen dessen, der ihn gesandt hatte, zu tun (Joh 4, 34). (W. *de Boor* z. St. in: W. Stb., Die Briefe des Johannes, S. 146.)

4. Die Totalität der Heiligung

Wenn Heiligung das Werk des lebendigen Gottes durch seinen Geist ist und nicht das Ergebnis menschlicher Bemühungen, dann kann es sich nur um eine *völlige* Heiligung handeln. Das wird uns im ganzen Neuen Testament bezeugt.

Durch und durch heilig

So schreibt *Paulus:* »Er selbst aber, der Gott des Friedens, heilige euch *durch und durch,* und ferner möge *vollständig* euer Geist und die Seele und der Leib in *untadeliger Weise* bewahrt geblieben sein bei der Ankunft unseres Herrn Jesus als Messias. Treu ist Er ja, der euch beruft: Er wird es auch wirklich durchführen« (1 Thess 5, 23 f.). Hier wird zunächst noch einmal betont, daß nicht *wir* es sind, die die Heiligung zu bewerkstelligen haben, sondern *»Er selbst,* der Gott des Friedens« ist es, der sie in uns bewirkt. Wenn *Er* aber etwas tut, dann will Er es *ganz* tun: »durch und durch«! Es sollen nicht nur die krassesten Erscheinungsformen der Sünde und der Selbstsucht notdürftig unterdrückt, nicht nur eine äußerliche Wohlanständigkeit hergestellt werden. Vielmehr will uns der Heilige Geist ganz und gar, bis auf den tiefsten Grund unseres Wesens, bis in die Gedanken und das Unterbewußtsein hinein heiligen. Also nicht nur »furniert« (P. Girkon), sondern durch und durch.[24] Die sich in diesem Sinn heiligen lassen, bekommen gleichzeitig die Verheißung, daß sie für die Zukunft vor dem Straucheln und Sündigen bewahrt werden sollen: wiederum nicht nur einigermaßen, sondern »vollständig«, in jeder Hinsicht, in allen

[24] *W. de Boor* z. St.: »Wieviel an bloßem ›Heiligungsfurnier‹ gibt es bei uns! Gott aber will ganze und echte Leute, ›Heilige durch und durch‹. Es wird an dieser Stelle deutlich, wie unzulänglich unsere Versuche sind, den Begriff der ›Heiligkeit‹ im Neuen Testament nur als den eines ›Standes‹ der Gottzugehörigkeit und nicht als den einer *Qualität* zu fassen, um uns über den *erschreckenden Mangel* an Heiligung bei uns und in unseren Kirchen *hinwegzutrösten.* Nein, bis in die Tiefe unseres Wesens dürfen wir geheiligte Menschen werden, die tatsächlich göttliche Qualität an sich tragen« (S. 110).

Bereichen ihres Lebens – nach Geist, Seele und Leib.[25] Denen aber, die trotzdem noch daran zweifeln, ob das möglich ist, wird zugerufen: »Treu ist Er, der euch beruft: Er wird es auch wirklich durchführen.«

Heilig wie Gott

So schreibt auch *Petrus:* »Gemäß dem Heiligen, der euch berufen hat, werdet auch ihr selbst heilig in eurem gesamten Verhalten, weil ja doch geschrieben steht: ›Heilig sollt ihr sein, denn Ich bin heilig!‹ (spricht der Herr)« (1 Petr 1, 16–17). Aus

[25] Darüber schreibt Prof. *Althaus* in seinem schon erwähnten Buch »Paulus und Luther über den Menschen«, S. 69 f.: »Nach Paulus kann der Christ in dem Kampf mit dem Fleisch ständig siegen; er muß nicht mehr sündigen ... Paulus erbittet für seine Gemeinde einen Fortgang ihrer Heiligung durch Gott, der sie ›untadelig‹ und ›unanstößig‹ ... für den Tag der Ankunft Jesu Christi machen soll (1 Thess 3, 13; 5, 23; 1 Kor 1, 8; Phil 1, 10). Das ist sittliche Vollkommenheit. Paulus wünscht und erbittet sie in der Gewißheit, daß sie unter der Wirkung der Gnade erreicht werden kann. Er spricht nicht von einem unerreichbaren Ideal, sondern von einem Ziel, zu dem Gottes Gnade die Christen im Ernste für den Tag Jesu führen will.« – Vgl. dazu auch Prälat D. Theodor *Schlatter* in: »Tot für die Sünde, lebendig für Gott – das Urteil des Paulus über seine Gemeinden«: »Als das Ziel des sittlichen Reifens beschreibt Paulus ohne Scheu die ›Vollkommenheit‹. Der Christenstand darf und soll etwas Ganzes werden; er soll und muß nicht im Bruchstück steckenbleiben. Die Christen sollen nicht den Kindern gleichen (1 Kor 3, 1; Eph 4, 14), sondern dem reifen Mann ... In seinen Gemeinden *kennt* er ›Reife‹, ›Fertige‹, ›Vollkommene‹ (1 Kor 2, 6); ohne Bedenken rechnet er sich selbst zu diesen ›Vollkommenen‹ (Phil 3, 15) – so gewiß er damit nicht behaupten will, er sei schon am Ziel, am Ziel der ewigen Vollendung (Phil 3, 12). Von Vollkommenen, an das Ziel der Reife Gelangten, wagt Paulus zu sprechen, obwohl er dieses Ziel hoch gesteckt hat: ›die Fülle des Christus‹ gilt ihm als das Ziel des Wachstums für den fertigen Mann (Eph 4, 13) ...« (Jahrbuch der Theol. Schule Bethel, III. Band, 1932, S. 42). – »Das Ziel der Heiligung ist Untadeligkeit am Tage Jesu Christi, aber auch Ganzheit, Vollkommenheit, Reife des Christenstandes. *Dieses Ziel ist erreichbar.* Die Christen stehen in der Gewalt des Geistes Gottes. Daß die Sünde sie unentrinnbar immer wieder überfiele ..., davon hören wir bei Paulus nichts. – Paulus kennt keine Erbsünde, die auch jetzt noch, nachdem Christus die Menschen ergriffen hat, sie zwänge, zu sündigen. Gottes Urteil über Adam hat alle Menschen, die von ihm herkamen, zu Sündern gemacht (Röm 5, 19). Dieses Urteil aber ist jetzt aufgehoben durch das entgegengesetzte, das alle, die glaubend ›in Christus‹ sind, zu Gerechten macht: *zu wirklich Gerechten, im Sein und Handeln, frei vom Banne des Adam-Zusammenhanges.*« (Althaus, a. a. O. S. 66)

der Tatsache der Heiligkeit Gottes ergibt sich die Forderung und die Verheißung der Heiligkeit für alle, die zu Ihm gehören, wiederum nicht im oberflächlichen Sinn, sondern heilig im »*ganzen* Verhalten«.

Rein wie Jesus

So schreibt auch *Johannes:* »Und jeder, der diese Hoffnung auf Ihn setzt, reinigt sich so, wie Er rein ist« (1 Joh 3, 3). Als Maßstab der Heiligung gibt es auch für Johannes nichts anderes als die Reinheit unseres Herrn Jesus.

Untadelig mit Jubel

So schreibt auch *Judas:* »Ihm aber, der imstande ist, euch zu bewahren vor jedem Straucheln und euch hinzustellen vor das Angesicht Seiner Herrlichkeit untadelig mit jubelnder Freude... Ihm gebührt Herrlichkeit und Majestät, Macht und Gewalt (wie) vor aller Zeit, (so) auch jetzt und bis in alle Zeitalter« (Jud 24–25).

Vollkommen wie der Vater

So hat es aber vor allem schon *der Herr selbst* mit unüberbietbarer Klarheit gesagt: »Darum sollt / werdet *ihr* so vollkommen sein, wie euer himmlischer Vater vollkommen ist« (Mt 5, 48). – Dazu betont Schlatter, daß dieses Wort nicht nur eine Forderung (ihr sollt!), sondern vor allem eine Verheißung enthält: ihr *werdet.* Matthäus war nicht von dem Zweifel belastet, ob die Christenheit so handeln könne, wie es ihr gesagt wird.[26] Durch dieses radikale und eindeutige Wort nimmt uns Jesus die Entschuldigung: Jedermann macht es so; das ist menschlich.

[26] Adolf *Schlatter,* Der Evangelist Matthäus, 6. Aufl., Stuttgart 1963, S. 197.

Gewiß macht es jedermann so, aber euer Vater macht es nicht so; gewiß ist es *menschlich,* aber es ist nicht *göttlich.* Nun kannten die Jünger das Ziel, zu dem Jesus sie führen will.[27]

Diese Vollkommenheitsforderung wird meist, so schreibt Ralf Luther, als Ideal aufgefaßt, d. h. als ein Ziel, nach dem man wohl streben soll, das man aber »selbstverständlich nie erreichen kann«; wirkliche Vollkommenheit könne es im Menschenleben nun einmal nicht geben. Was fängt man dann aber mit dem Schluß der Bergpredigt an: »Wer diese Meine Worte hört und *tut* sie«? Die Forderungen Jesu gelten nicht für eine Welt der Ideale, sondern für diese harte Wirklichkeit. Er ist kein Führer, der Befehle erteilt, damit sie unerfüllt bleiben. *Was Er sagt, ist unweigerlich zu verwirklichen.* Gerade an dieser Stelle der Bergpredigt spricht Jesus es aus, daß Seine Forderungen nicht in der Luft stehen; es gibt eine feste Grundlage für ihre Erfüllung: »auf daß ihr *Söhne* seid eures himmlischen Vaters« (Mt 5, 45). In den Söhnen lebt die Liebe des Vaters; sie sind transparent für das Wirken Gottes, Träger Seiner Gegenwart, Instrumente, auf denen der Allmächtige Seine Weisen spielt. Ist das der Fall, dann sind sie vollkommen. Nie hat Paulus daran gezweifelt, daß in seinem so vervollkommnungsbedürftigen Leben doch schon etwas absolut Vollkommenes da ist: Christus in ihm.[28] – Vollkommen sein im Sinne Jesu bedeutet nach Schniewind, daß unser Leben und Tun ein in sich geschlossenes Ganzes werden kann. Ganz für Gott! wie Er in sich einheitlich, sich selber gleich ist. Jesus nimmt das alttestamentliche Grundwort »Ihr sollt heilig sein, denn Ich bin heilig« (3 Mose 19, 2) auf. Es erfüllt sich bei Seinen Hörern, denn Er, Jesus, ist die Erfüllung der alttestamentlichen Erwartung.[29]

[27] Nach Adolf *Schlatter,* Erläuterungen zum Neuen Testament, 1. Band, Calw/Stuttgart 1908, S. 63.

[28] Nach Ralf *Luther,* Neutestamentliches Wörterbuch, Artikel »Vollkommenheit«.

[29] Nach Julius *Schniewind,* Das Evangelium nach Matthäus, Göttingen 1937, S. 70.

Heilige lieben göttlich

Bei der Frage nach der Realisierung des Heilig- und Vollkommenseins wie Gott muß stets bedacht werden, auf welche Weise dies ermöglicht wird: Gott hat ja Seine eigene Liebe in unsere Herzen ausgegossen durch den Heiligen Geist, welcher uns geschenkt ist (Röm 5, 5 b). Unter dieser Voraussetzung hat Jesus Seinen Erlösten den neuen Auftrag gegeben, einander so zu lieben, wie Er selbst liebt, d. h. nicht mit menschlicher, sondern mit göttlicher Liebe. Genau dementsprechend lesen wir bei Paulus, daß derjenige, der seinen Nächsten göttlich liebt, nämlich in der Vollmacht der Liebe des Herrn, tatsächlich das Gesetz erfüllt hat (Röm 13, 8 b. 10 b). So ist auch das bekannte Wort gemeint: »Tragt euch – (ergänze: in der Kraft der göttlichen Liebe) – gegenseitig die Lasten, so werdet ihr das Gesetz des Messias erfüllen!« (Gal 6, 2). Das »Gesetz des Messias« ist mit Seinem »neuen Auftrag« (Joh 13,34) identisch.[30]

Und doch kein sündloser Zustand

Zur Vermeidung von Mißverständnissen muß nun aber folgende Abgrenzung vorgenommen werden: So sehr das Neue Testament die Totalität der Heiligung betont und *wir* sie

[30] Darüber schreibt Prof. *Schniewind* im Anschluß an Mt 5, 17: »... Es geht um die Tat, und sie verlangt das *Ganze* des Lebens (V. 19), und sie muß besser sein als das Tun der Pharisäer (V. 20). Dazu aber, daß dieses Tun möglich werde, ist Jesus gekommen. Er ist gekommen, damit das Gesetz ins Herz der Menschen geschrieben (Jer 31, 33), daß die Rechtsforderung des Gesetzes erfüllt werde (Röm 8, 14). Man hat auf Grund von alttestamentlichen Stellen wie Jer 31; Jes 2, 1–4 u. ä. damals die Hoffnung auf ein ›Gesetz des Messias‹ gehabt. Wenn der Messias kommt, muß sich die Ordnung des Gesetzes wandeln, denn dann werden alle, die zu Gottes Volk gehören, Gerechte sein (Jes 60, 21; 33, 24; Hes 36, 25 ff.). – Diese Hoffnung zu erfüllen, ist Jesus ›gekommen‹ ...« (a. a. O., S. 52.) – Und zu Mt 11, 29 f.: »... Jesus redet von einem *Joch,* das er den Seinen auferlegt. Er bringt ein neues Gebot (Joh 13, 34), ein neues Gesetz (Gal 6, 2; 1 Kor 9, 21), das *Gesetz des Messias,* das ins Herz geschrieben wird ... Man kann bei ihm lernen, ohne zu ermüden, ohne unerträgliche Last, denn sein Joch ist ›süß‹ – so kann man

deshalb auch betonen müssen,[31] so wenig kann es sich doch dabei um irgend einen unbiblischen »Perfektionismus« handeln. Unbiblisch wäre die Auffassung, es könne und müsse hier schon ein *Zustand der Sündlosigkeit* erreicht werden. Davon aber ist nicht die Rede, denn das würde ja bedeuten, daß man keiner Versuchung mehr ausgesetzt wäre und sich also in Sicherheit wiegen könnte. Demgegenüber steht jedoch geschrieben: »Wer fest zu stehen meint, der gebe ja acht, daß er nicht falle!« (1 Kor 10, 12). Es handelt sich also niemals um einen sündlosen *Zustand,* der nicht mehr gefährdet wäre, sondern immer nur um die *Stellung* des Geborgenseins in Jesus. Aus einer Stellung aber kann jeder durch Unachtsamkeit leicht herausfallen.

Zwischen Szylla und Charybdis

Es sind also in diesem Zusammenhang zwei Klippen zu vermeiden: einerseits die Illusion eines sündlosen Zustandes und andererseits die Resignation gegenüber der angeblichen Unentrinnbarkeit des Sündigens. Beides ist abwegig und unbiblisch.

unser Wort übersetzen (Harnack) –; dies Gesetz selbst bedeutet *Freude,* denn ›seine Gebote sind nicht schwer‹ (1 Joh 5, 3). Hier ist in einem einzigen Spruch alles zusammengefaßt, was in Mt 5, 17–48 verkündet wurde ...« (a. a. O. S. 150).

[31] *Finney* schreibt in seinen »Briefen über Erweckungen an alle Freunde und besonders an alle Diener unseres Herrn«, die er 1845/46 als Professor der Theologie herausgab: »Ich bin völlig überzeugt, daß meine Brüder im Dienste am Evangelium es nicht werden umgehen können, auf völliger Heiligkeit des Herzens und Lebens zu bestehen, und zwar als auf etwas, das in *dieser* Welt praktisch erlangt werden kann. Meine teuren Brüder, ihr mögt es versuchen, so lang ihr wollt, aber wenn ihr einen niedrigeren Standpunkt als diesen einnehmt, so werden eure Gemeinden euch abgleiten, bis ihr selber darüber entsetzt sein werdet. Jeder Vorschub für die Sünde, alles, was praktisch darauf hinausläuft, die Möglichkeit zu leugnen, in diesem Leben zur völligen Heiligung zu gelangen, ist der größte und verderblichste Irrtum, den man auf die Gemeinden loslassen kann. Ich flehe meine Brüder an, ein anderes Verfahren einzuschlagen ...« Diese eindringlichen Worte Finneys gehören auch zu dem Schrei, von dem Jung-Stilling sagt, er solle ertönen, bis die Erdkugel in ihrer Achse erbebte und die Sterne erzitterten.

Auch für die Geheiligten bleibt die Gefahr des Sündigens jederzeit bestehen. Deshalb sind immer wieder Mahnungen nötig: »Achtet genau darauf, wie ihr euer Leben führt« (Eph 5, 15) – »führt euren Wandel im Geist, und so werdet ihr dem Begehren des Fleisches keinesfalls nachgeben« (Gal 5, 16) – »laßt die Sünde nicht weiter herrschen in eurem sterblichen Leibe« (Röm 6, 12).

Aber die Erlösten müssen nicht mehr sündigen, denn sie haben die reale Möglichkeit, kraft des Heiligen Geistes auch heilig zu leben, denn die Sünde *wird* nicht mehr herrschen über sie (Röm 6, 14).

Im Anschluß an diese Aussage stellt Paulus ausdrücklich die Frage: »Werden wir sündigen, weil wir nicht unter dem Gesetz stehen, sondern unter der Gnade?«,[32] um dann mit Entschiedenheit die Antwort zu geben: »Ausgeschlossen!« (Röm 6, 15).

Denn nicht umsonst hat unser Herr Jesus denen, die sich durch Ihn befreien lassen, die uneingeschränkte Verheißung gegeben: »Wenn euch nun der Sohn frei macht, werdet ihr *wirklich* frei sein« (Joh 8, 36).

[32] *W. de Boor* z. St.: »Wie wichtig diese Frage ist, merken wir sofort, wenn wir sie zunächst einmal selber zu beantworten suchen. ›Werden wir sündigen ...?‹ *Natürlich* werden wir sündigen! Das zeigt doch unsere Erfahrung jeden Tag. Und von allen Seiten hören wir die ausdrückliche Lehre: Wir bleiben auch als Christen dieselben elenden Sünder wie zuvor, nur daß die Sünde um der Gnade willen nicht mehr schadet ... Ja, wir werden sündigen! – Nein, sagt Paulus, *›ausgeschlossen‹!* Wir haben dieses Nein zunächst zu hören und somit zur Kenntnis zu nehmen, daß Paulus im Gegensatz zu der ganzen bei uns üblichen Meinung behauptet: wir werden *nicht* sündigen, gerade *›weil wir nicht unter dem Gesetz sind, sondern unter der Gnade‹* ... Gleichzeitig ›Sklaven der Sünde‹ *und* ›Sklaven des Gehorsams‹ können wir nicht sein. Wenn wir also so leichthin sagen und lehren: wir sind Christen, wir stehen unter der Gnade Gottes, aber natürlich werden wir auch weiter sündigen, dann *täuschen* wir uns. Gerade diese Täuschung will Paulus in diesem Abschnitt zerstören« (S. 142 f.). Möge es gelingen, diese Täuschung auch bei uns zu zerstören! – Und noch einmal soll die Frage aufgeworfen werden: »Stehen wir Christen in dieser Welt nicht doch dauernd in einem doppelten Dienst: Wir sind und bleiben ›Sklaven der Sünde‹ und machen daneben einige Versuche, auch ›Sklaven des Gehorsams für Gott‹ zu sein? Und wird dies nicht ausdrücklich in den Kirchen als der Normalfall gelehrt? ... Mag man in der Kirche so denken und lehren, Paulus jedenfalls dachte und lehrte *anders!* Eben darum schrieb er dieses 6. Kapitel seines Briefes, um uns vor das unausweichliche Entweder – Oder unserer Hörigkeit zu stellen und einem ›Christentum‹ eine Ende zu machen, das die Herrschaft der Gnade mit einer bleibenden Herrschaft der Sünde verbinden will.« *(De Boor,* Römerbrief, S. 158.)

Weder Einschränkung noch Vorbehalt tragbar

Nun sei der Inhalt dieses Abschnitts nochmals zusammengefaßt:

Soll die Heiligung nicht von vornherein eine Utopie sein, dann kann es sich nur um *uneingeschränkte* und *vorbehaltlose* Heiligung handeln. Damit sind die zwei Stoßrichtungen angedeutet, von denen aus unsere Heiligung ständig vom Teufel unverkennbar sabotiert wird. Die eine liegt auf dem Gebiet unserer negativen Erwartung, die andere auf dem unserer mangelnden Hingabe. Denn Einschränkung bedeutet es, wenn wir gewisse Bereiche unseres Lebens der Herrschaft des Heiligen Geistes entziehen. Und Vorbehalte sind es, mit denen wir unserem Gott gegenüberstehen, wenn wir grundsätzlich eine völlige Heiligung für unmöglich erklären.
Wo es aber dem Feind gelingt, im Leben der Christen solche Einschränkung und Vorbehalte zu erreichen, da ist jegliche Heiligung praktisch hinfällig geworden.

Unzulässiger Maßstab!

Und außerdem muß nüchtern gesehen werden, daß sich beim Thema Heiligung unversehens ein nicht legitimer Maßstab in die Theologie eingeschlichen hat. An Stelle des reformatorischen Maßstabs: »sola scriptura« = »Allein die Schrift!« gilt auf dem Gebiet der Heiligung effektiv ein ganz anderer, indem hier plötzlich nicht mehr von der Schrift her, sondern ständig von der *Erfahrung* aus argumentiert wird.[33]

Wo aber ein falscher Maßstab angelegt wird, da kann es nicht ausbleiben, daß verkehrte Ergebnisse herauskommen.

[33] Denen, die dauernd ihre negative Erfahrung gegen die klare positive Botschaft der Schrift von der völligen Heiligung auszuspielen versuchten, konnte Prof. *Fezer* in seinem Tübinger Seminar in überzeugender Weise zurufen: »Ich wehre mich dagegen, daß Sie mir sagen: ›In unserem Leben ist es nicht so (sc. daß wir Sieg über die Sünde haben), also kann es im Neuen Testament auch nicht so sein.‹ Man muß den Mut haben, zuzugeben: Im Neuen Testament *ist* es so; bei mir ist es allerdings leider nicht so, – ich bin also noch nicht auf dem Boden des Neuen Testaments.«

5. Die Notwendigkeit der Heiligung

Unsere Heiligung, und zwar unsere *völlige* Heiligung – von einer anderen ist im Neuen Testament überhaupt nicht die Rede! – ist, wie wir sahen, aufgrund vielfacher Verheißungen von Gott vorgesehen und aufgrund der vollbrachten Erlösung im Leben aller, die sich heiligen lassen wollen, kraft des Heiligen Geistes realisierbar.

Aber nicht nur *möglich* ist sie, sondern auch *höchst notwendig*, das heißt: schlechterdings unentbehrlich und deshalb so brennend wichtig. Auch das läßt uns Gott durch Sein Wort eindeutig sagen.

Akute Irreführung

Zunächst heißt es (Hebr 12, 14 b), daß ohne Heiligung niemand den Herrn schauen wird, dann nämlich, wenn Er in Seiner messianischen Herrlichkeit erscheint. Darauf werden wir im Schlußabschnitt noch ausführlich zurückkommen. Einstweilen sei dazu nur so viel gesagt, daß es für alle, die an jenem Tag nicht mit ihrem Christenstand zuschanden werden wollen, eine innere Unmöglichkeit bedeuten müßte, noch bewußt und willentlich in der Sünde zu leben, etwa in der Verbitterung und Unversöhnlichkeit, in der Unzucht oder Geldgier, in der Eifersucht, Lieblosigkeit oder Lüge. Deshalb heißt es ausdrücklich: »Denn das wißt und erkennt ihr, daß kein Unzüchtiger und Unsittlicher, kein Geldgieriger – das bedeutet Götzendiener! – ein Erbteil hat an der Königsherrschaft des Messias und Gottes. Es soll euch ja keiner (in dieser Hinsicht) durch leere Worte betrügen! Um solcher Dinge willen kommt nämlich der Zorn Gottes über die Söhne des Ungehorsams« (Eph 5, 5–6). Diese Warnung läßt darauf schließen, daß es schon in den apostolischen Gemeinden gewissenlose Verführer gab, die unter Christen eine sittlich laxe Lebenshaltung propagierten.

Auch heute ist diese Warnung wieder akut geworden angesichts der neuen Moral. Mit welcher Unverfrorenheit wird in unserer Zeit unter Christen die Parole ausgegeben, vorehelicher Intimverkehr sei erlaubt, denn die Bibel sage nichts dagegen! Hier sehen wir wieder den großen Lügner am Werk. »Es soll euch ja keiner durch leere Worte betrügen!«

Wem soll denn die ausdrückliche Mahnung *»Fliehet die Unzucht!«* (1 Kor 6, 18) gelten, wenn nicht denen, die der Teufel in der Zeit vor der Ehe dazu verführen will, den »Leidenschaften der Jugend« (2 Tim 2, 22) nachzugeben und sich sexuell auszuleben – sei es mit wechselnden Partnern oder »nur« mit dem zukünftigen Ehepartner? Dabei ist wichtig zu beachten, daß das Neue Testament für die geschlechtliche Ausschweifung der Verheirateten einen anderen Ausdruck gebraucht wie für die der Ledigen: die erstere heißt »Ehebruch« (griech. moicheia), die letztere aber »Unzucht« (porneia). Der Herr selbst hat diese Unterscheidung getroffen, indem Er diese beiden Begriffe hintereinander gebraucht (Mk 7, 21–22). Genau dementsprechend nennt Paulus in 1 Kor 6, 9 unter denen, die als »Unbrauchbare« keinesfalls die Gottesherrschaft ererben werden, hintereinander sowohl die in der Unzucht lebenden Ledigen wie die ihre Ehe brechenden Verheirateten, wobei er hier auch noch die Homosexuellen (»Knabenschänder« – vgl. auch Röm 1, 26–27; Lev 18, 22; 20, 13!) hinzufügt. Auch an dieser Stelle läßt Gott uns eindringlich zurufen: »Laßt euch ja nicht irreführen!« (1 Kor 6, 9 b). Das kann im vorliegenden Zusammenhang nur heißen: Laßt euch als Christen von niemandem einreden, solche Ausschweifungen seien harmlos! Nein: »Unzüchtige und Ehebrecher wird Gott *richten«* (Hebr 13, 4 b), d.h. sie ziehen sich – auch und gerade als Christen! – Gottes unausweichliches Gericht zu.

Was vom Himmel ausschließt

Aber auch noch ganz andere Sünden, von denen uns vielleicht manche harmlos erscheinen mögen, schließen unweigerlich aus der Gottesherrschaft aus, etwa Feindseligkeiten, Zank, Eifersucht, Zerwürfnisse, Zwietracht, Parteiungen, Neid, Trunksucht, Schwelgerei (Gal 5, 20–21), Ohrenbläserei, Verleumdung, Prahlerei (Röm 1, 30), Leidenschaft, Zorn, Erbitterung, Bosheit, Schimpfworte und unanständige Reden (Kol 3, 5–8), Feigheit, Treulosigkeit und Lüge (Offb 21, 8; 22, 15). Alle, die als Christen in diesen Sünden leben, werden einmal »draußen« sein – außerhalb des neuen Jerusalem.

Willentliches Sündigen

In der Sünde leben bedeutet: bewußt einwilligen in die Sünde, wobei man entweder die Sünde für »nicht so schlimm« erklärt oder seine »Freiheit« demonstrieren will. »Jeder, der (in diesem Sinn) sündigt, hat Ihn nicht gesehen und hat Ihn auch nicht erkannt. Niemand soll euch darin irreführen!« (1 Joh 3, 6 b. 7 a).

Offenbar wurden schon in der apostolischen Zeit zum Thema des Sündigens irreführende Parolen in den Gemeinden ausgegeben. Deshalb betont der Apostel mit Nachdruck: Jeder, der in seiner Sünde bleibt und vorsätzlich darin lebt, der sie leicht nimmt und meint, in seiner Sünde Christ sein zu können, der hat unsern Herrn Jesus noch nie wirklich kennengelernt. Sonst wäre ihm die Sünde unerträglich. »Laßt euch ja von niemand irreführen!« Demnach hat die Gemeinde allen zu widerstehen, die die Sünde verharmlosen wollen und sie mit der Zugehörigkeit zu Jesus für vereinbar erklären.[34]

[34] So Werner *de Boor* in: W. Stb., Die Briefe des Johannes, S. 83. – Oder zu Röm 2, 11: »Sind sie (sc. die Christen) nicht bei Gott in Gunst, so daß ihre Sünde weniger schwer wiegt und ihnen nicht so viel schaden kann? . . . Ist Gottes Gnade solche ›parteiliche Gunst‹? Was wir davon in unseren Herzen träumen, ist ein *Wahn,* der Gott beleidigt. Die Sünden der ›Juden‹ wiegen für Gott eher schwerer als die Sünden der anderen, weil der ›Jude‹ (und ich!) Gottes Willen besonders klar kennt . . . Auch hier ist uns jeder Ausweg versperrt. Das möchte uns Paulus ganz fest einprägen« (W. Stb., Römerbrief S. 71).

Unabsichtliche Fehltritte

Etwas anderes ist es freilich, wenn ein Christ, der die Heiligung ernst nimmt, sich zu seiner Beschämung von einem Fehltritt hat übereilen lassen (Gal 6, 1), sich also unabsichtlich verfehlt (Num/4 Mose 15, 22–29; Hes 45, 20). Wenn er in diesem Sinn sündigt, dann »haben wir einen Fürsprecher beim Vater: Jesus, den Messias, den Gerechten« (1 Joh 2, 1).

Endergebnis des mutwilligen Sündigens

Wie verheerend sich andererseits das bewußte Sündigen, das Verharren in der Selbstsucht und fleischlichen Gesinnung für Christen auswirkt, zeigt uns folgende Ankündigung: »Wenn ihr nämlich nach dem Fleisch lebt, werdet ihr sterben« (Röm 8, 13 a). Mit »Sterben« ist hier selbstverständlich nicht der leibliche Tod gemeint, denn der ist ja ohnehin nicht zu umgehen (es sei denn bei der Ankunft des Herrn durch die Entrükkung). Nein, Paulus will den Gläubigen in Rom sagen: Wenn ihr von eurer fleischlichen Gesinnung nicht loskommt, sondern den sündhaften Regungen, die vom Leib des Menschen ausgehen, immer wieder nachgebt, statt sie durch den Heiligen Geist entschlossen zu verneinen (V. 13 b), dann wird euch – trotz eurer Wiedergeburt – der zweite Tod (Offb 20, 14; 21, 8) sicher sein. Christen, die ihr Sinnen nur auf das Irdische richten, sind letztlich Feinde gegenüber dem Kreuz des Messias (Phil 3, 18 b. 19 b), denn das Trachten des Fleisches bedeutet – auch im Gewande der Frömmigkeit – nichts anderes als Feindschaft gegen Gott (Röm 8, 7 a).[35]

[35] Vgl. zu diesem Kapitel auch *Bonhoeffer,* Nachfolge, S. 214: »Vor Jesus Christus kann nur die geheiligte Gemeinde bestehen; der die Feinde Gottes versöhnte und sein Leben für die Gottlosen gab, der tat es, damit seine Gemeinde heilig sei bis zu seiner Wiederkunft ... Es ist des Herrn eigenes Wort, daß in sein Himmelreich nur die kommen können, die den Willen seines Vaters im Himmel wirklich tun.«

6. Der Zweck der Heiligung

Glaubwürdige Werkzeuge

Wozu soll eigentlich die Heiligung dienen? wird mancher fragen. Warum ist sie so wichtig? Antwort: Weil wir ohne sie gar nicht in der Lage sind, unseren Auftrag als Werkzeuge unseres Herrn in unserer Umgebung glaubwürdig und vollmächtig auszurichten. Das uns aufgetragene Zeugnis soll ja nicht nur in frommen Worten bestehen, sondern vor allem in einem heiligen Leben. Nicht so sehr durch Reden soll unser himmlischer Herr bezeugt werden, als vielmehr durch das, was wir *sind.*

Licht in der Finsternis

Wenn anders es die Berufung der Erlösten ist, Salz für die Erde und Licht für die Welt zu sein (Mt 5, 13–16), dann ist das keinesfalls zu verwirklichen ohne Heiligung. Die ganze Welt liegt ja im Machtbereich des Argen (1 Joh 5, 19 b), so daß die Menschheit im Finstern wandelt. Sind wir aber durch Jesus aus diesem Machtbereich der Finsternis herausgerissen worden, dann sollen wir denen, die noch in der Finsternis verirrt sind, zur Orientierung dienen und damit Wegweiser für sie sein. Das wiederum ist nur dann möglich, wenn von uns gilt, daß wir zwar früher auch »Finsternis« gewesen waren, jetzt aber »ein *Licht* im Herrn« geworden sind (Eph 5, 8). Wenn wir uns jedoch nicht wirklich »untadelig und lauter« erweisen, wenn wir uns in unserer Umgebung nicht als »fleckenlose Kinder Gottes inmitten eines verkehrten und verdrehten Geschlechtes«[36] bewähren, dann können wir auch nicht »wie helle Sterne in der Welt«

[36] Dazu schreibt *W. de Boor:* »Wieder werden wir von unserer gewohnten Theologie her meinen, unser Zustand bleibe doch immer ein sehr ›gemischter‹, auch im Christen bleibe Gutes und Böses, Göttliches und Sündiges miteinander verbunden. So sei es doch einfach unser aller Erfahrung. Das mag sein. Das darf uns aber nicht hindern zu sehen, daß Paulus offensichtlich *anders* gedacht hat« (W. Stb., a. a. O., S. 93).

leuchten (Phil 2, 15).[37]

Es ist ganz klar: Nur in dem Maße, wie wir uns durch ein heiliges Leben von unserer Umgebung unterscheiden, wird sie sich an uns orientieren können. Deshalb war sich Paulus dessen bewußt, wieviel davon abhängt, daß Gottes Werkzeuge ein *Vorbild* sind, indem sie sich »heilig und gerecht und untadelig« verhalten (1 Thess 2, 10). Können sie anders als mit einem heiligen Leben glaubwürdig Werkzeuge des Heiligen sein?

Die Alternative

Wenn geschrieben steht: »Ihr seid teuer erkauft. Verherrlicht also Gott (macht Gott Ehre) mit eurem Leibe!« (1 Kor 6, 20), dann kann das doch nicht anders erfolgen als durch das mutmachende Vorbild eines Lebens, das dem Wesen Gottes angemessen ist. So gibt es für Christen grundsätzlich nur zwei Möglichkeiten: Entweder sie tragen durch heiligen Wandel und gute Werke so deutlich den Stempel ihres Gottes, daß den Leuten nichts anderes übrigbleibt, als darüber den Vater im Himmel zu *preisen* (Mt 5, 16; Phil 1, 11)[38] – oder aber es heißt von ihnen: »Um euretwillen wird der Name Gottes *gelästert* unter den Heiden« (Röm 2, 24).

[37] *W. de Boor* z. St.: »Wieder werden wir voller Bedenken sein: Erzieht Paulus seine Leute nicht zu Pharisäern? Und kann man das im Ernst einer Gemeinde zumuten, einer Gemeinde von Menschen, die doch immer ganz und gar Sünder bleiben? Ein moderner Theologe würde also lieber schreiben: ›Bleibt euch stets bewußt, daß ihr euch faktisch in nichts von dem Volk unterscheidet, unter dem ihr lebt; ihr seid nicht anders und nicht besser als die Menschen um euch, nur, daß ihr von der Gnade Dessen wißt, der euch Sünder gerecht spricht...‹ Es entspricht das vielleicht wieder unserer Erfahrung an uns und den heutigen Gemeinden. Aber wieder haben wir zu sehen, daß Paulus selbst *grundanders* schrieb, und haben uns mit viel Beten und Ringen mit dem auseinanderzusetzen, was das Haupt der Gemeinde im Heiligen Geist seinen Bevollmächtigten Paulus den Philippern tatsächlich schreiben ließ« (S. 94).

[38] »Darum leiden solche Menschen nicht am Makel des Gelobtwerdens: um ihrer Werke willen wird der *Vater* im Himmel gepriesen (Matth 5, 16). Heilige sind Menschen, mit denen man nicht wagt, Personenkultus zu treiben, weil das, was in ihnen lebt, so erschütternd viel zu groß ist, als daß man es ihnen zuschreiben könnte. Heilige sind Menschen, bei denen es unmöglich ist, an *sie* zu glauben, durch die es aber andern erleichtert wird, an Gott zu glauben – aus dem einfachen Grund, weil Gott da ist in ihrem Leben.« (Ralf *Luther,* Art. »Heilige«.)

Gleichgestaltet dem Bild des Sohnes

Letzten Endes geht es bei der Heiligung darum, daß unser unsichtbarer Herr in den Seinen unverkennbar Gestalt gewinnt (Gal 4, 19) und so unmittelbar Seine Art, Sein Wesen unter den Menschen sichtbar wird, zumal ja unsere Sendung der Seinigen entspricht (Joh 20, 21).[39] Diese Möglichkeit aber ergibt sich aus der Tatsache, daß der Sohn Gottes in denen Wohnung nimmt, die sich Ihm ausliefern (Eph 3, 17 a; Joh 14, 23 c).

Auf diese Erfahrung nimmt Paulus Bezug, wenn er schreibt: »Mit Christus bin ich gekreuzigt; so lebt nun nicht mehr mein Ich, sondern es lebt in mir nur noch Christus.[40] Was ich aber jetzt noch im Fleisch lebe – im Glauben lebe ich es, (und zwar in) dem des Sohnes Gottes, der mich in Seine Liebe aufgenommen und sich selbst für mich dahingegeben hat« (Gal 2, 19 b. 20).

[39] Hilfreich ist, was A. *Murray* dazu schreibt: »Unsere Sendung ist der Sendung Jesu ähnlich in ihrem Zweck. Warum sandte der Vater den Sohn? Um Seinen Liebeswillen in der Erlösung der Sünder zu offenbaren. Jesus sollte dies nicht nur durch Wort und Lehre vollbringen, sondern Seine ganze Person, Sein Wesen, Sein Wandel sollte des Vaters Liebe zum Ausdruck bringen. Die Menschen sollten an Ihm sehen, wie der unsichtbare Vater im Himmel gegen sie gesinnt sei. – Nachdem der Herr diesen Seinen Auftrag erfüllt hatte, fuhr Er auf gen Himmel, und seither ist Er, wie der Vater, unsichtbar. Nun aber hat Er Seine Sendung Seinen Jüngern übertragen; sie sollen Ihn, den Unsichtbaren, den Menschen so darstellen, daß sie danach beurteilen können, wie Er ist. Jeder wahre Christ muß ein Ebenbild Jesu sein – er muß in seinem ganzen Wesen und Wandel dieselbe Sünderliebe, dasselbe Verlangen nach ihrer Seligkeit an den Tag legen, die den Herrn beseelte, daß daraus die Welt schließen kann, wie Jesus gegen sie gesinnt ist. Nimm dir Zeit, diesen himmlischen Gedanken recht in dich aufzunehmen. Unsere Sendung ist derjenigen des Heilands ähnlich in ihrem Ziel, das da ist: die Darstellung der heiligen Liebe des Himmels in irdischer Gestalt.« (Nach Jesu Bild – Betrachtungen über das Leben der Umgestaltung in das Ebenbild des Sohnes Gottes, 8. Aufl., Marburg 1975, S. 148 ff.)

[40] Vgl. dazu *Bonhoeffer,* Nachfolge, S. 224: »Weil Er selbst Sein wahrhaftiges Leben in uns führt, darum können wir ›wandeln, gleich wie Er gewandelt ist‹ (1 Joh 2, 6), tun, wie Er getan hat (Joh 13, 15), lieben, wie Er geliebt hat (Eph 5, 2; Joh 13, 34; 15, 12), vergeben, wie Er vergeben hat (Kol 3, 13), gesinnt sein, wie Jesus Christus auch war (Phil 2, 5), darum können wir dem Beispiel folgen, das Er uns gelassen hat (1 Petr 2, 21), unser Leben lassen für unsere Brüder, wie Er es für uns gelassen hat (1 Joh 3, 16). Allein darum können wir sein, wie Er war, weil Er war, wie wir sind. Allein darum können wir sein »wie Christus«, weil wir Ihm gleichgemacht *sind*... Hier wird in der Einfalt der Nachfolge ein Leben gelebt, das Christus gleich ist...«

So erstaunlich es erscheinen und so sehr es uns überwältigen mag, muß doch die Größe unserer Berufung ernstgenommen werden: Gott hat uns in Seinem Messias vor Grundlegung der Welt dazu erwählt, heilig und untadelig vor Seinen Augen zu sein (Eph 1, 4). Er hat uns ja sogar dazu bestimmt, »gleichgestaltet zu werden dem Bilde Seines Sohnes« (Röm 8, 29). Eben dazu läßt Er uns »alle Dinge mitwirken« (V. 28 a), gerade auch Seine uns oft schwer und unverständlich erscheinenden Erziehungswege. Darum: »Haltet standhaft aus, um euch erziehen zu lassen!« (Hebr 12, 7–10). Was für ein Trost und eine Ermutigung liegt in dem Wissen: Unser Teilhaben an der Schmach und dem Sterben unseres Herrn Jesus soll dazu dienen, daß auch Sein *Leben* – Sein Auferstehungsleben – »an unserem Leib«, ja »an unserem sterblichen Fleisch« in Erscheinung tritt (2 Kor 4, 8–11).

Heiligung als Werk des Heiligen Geistes

Der Heilige Geist vermittelt uns das Jesusleben und bringt unsere Heiligung zustande. Deshalb heißt es: »Gott hat uns nicht berufen zur Unreinigkeit, sondern für die Heiligung. Demnach, wer das mißachtet, der mißachtet nicht einen Menschen, sondern Gott (selbst), der (sogar) Seinen Heiligen Geist in euch gegeben hat« (1 Thess 4, 7–8). Um diese Konsequenz geht es bei aller Heiligung: Menschen mit Gottes eigenem Heiligen Geist im Herzen müssen und können heilig leben (de Boor).

Dieser Zusammenhang kommt auch an folgender wichtigen Stelle zum Ausdruck: »Wo der Geist des Herrn waltet, da ist Freiheit. Wir alle aber, indem wir mit unverhülltem Angesicht die Herrlichkeit des Herrn im Spiegel schauen (oder: widerspiegeln = sich in uns spiegeln lassen), werden verwandelt in dasselbe Bild von Herrlichkeit zu Herrlichkeit, ganz so, wie es von des Herrn Geist her geschieht (gewirkt wird)« (2 Kor 3, 17 b. 18).

Mit erleuchteten Augen des Herzens

Die Voraussetzung dazu, daß es jetzt für uns alle ein Schauen der Herrlichkeit des unsichtbaren Gottes gibt, ist die Tatsache der Gegenwart und Wirksamkeit des Heiligen Geistes. Es handelt sich also hier um ein pneumatisches, durch den Geist ermöglichtes und gewirktes Schauen. Es erfolgt nämlich mit den »Augen des Herzens«, die der Geist der Weisheit und Offenbarung »erleuchtet« hat (Eph 1, 17 b. 18 a).

So dunkel diese Augen bei der ganzen Menschheit zunächst sein mögen, weil »der Gott dieses Äons« sie blind gemacht hat (2 Kor 4, 4), ist doch der Auferstandene unablässig darum bemüht, daß Seine Sendboten den Völkern ihre blinden Augen öffnen. Sie sollen ja die Möglichkeit bekommen, noch rechtzeitig „umzukehren aus der Finsternis ins Licht und aus dem Machtbereich Satans zurück zu Gott, um Vergebung der Sünden zu empfangen und auch das Erbteil unter denen, die sich durch das Vertrauen auf Mich haben heiligen lassen«, wie Jesus es vor Damaskus zu Saulus gesagt hat (Apg 26, 18). Wo das aber geschehen ist und uns durch die Offenbarung des Geistes die Augen aufgegangen sind, da haben wir mit unverhülltem Angesicht die göttliche Herrlichkeit geschaut, zwar nicht direkt, sondern durch einen Spiegel, nämlich in JESUS (Joh 14, 9). Von Seinem Angesicht strahlt uns der Lichtglanz Gottes entgegen (2 Kor 4, 6). Denn als Sohn ist Er ja der Abglanz der göttlichen Herrlichkeit, und in Ihm hat sich das Wesen Gottes eingeprägt (Hebr 1, 3).

Die auf Ihn sehen, werden erquickt

Wenn aber unser Blick einmal auf Ihn gefallen ist und wir Ihn so kennengelernt haben, daß Er uns das Herz abgewonnen hat, dann liegt es an uns, den Blick nun immer wieder bewußt auf Ihn zu richten, um Seine Herrlichkeit anzuschauen und sie in uns spiegeln zu lassen. Das kann jederzeit geschehen, denn Er ist nicht ferne von einem jeden unter uns (Apg 17, 27 b). Und es ist Ihm ja daran gelegen, uns im Alltag unseres Lebens bei unseren konkreten Entscheidungen, bei unserem ganzen Tun und Lassen zu *leiten* mit Seinen Augen (Ps 32, 8). Wir sollen erfahren, was geschrieben steht: »Die auf Ihn sehen, werden erquickt – werden strahlen vor Freude« (Ps 34, 6). Wenn schon David sagen konnte: »Meine Augen sehen stets auf den Herrn« (Ps 25, 15), dann wollen wir uns das erst recht angelegen sein lassen, nachdem sich der Herr, der Gott Israels, uns Kindern des Neuen Bundes doch noch ganz anders offenbart hat, als es die Heiligen im Alten Bund jemals erfahren konnten.

Möglichkeiten dieses Anschauens

Besonders intensiv vollzieht sich das Anschauen Seiner Herrlichkeit, wenn wir Sein Wort lesen und dabei Seinen Lichtglanz in uns aufnehmen, der uns in den Berichten der Evangelien entgegentritt oder in den Briefen der Apostel aufleuchtet oder im Buch der Offenbarung enthüllt wird. Ebenso kann uns allerdings diese Herrlichkeit auch schon an den messianischen Weissagungen und überhaupt am gesamten Wirken des Messias im Alten Bund aufgehen. Dafür zwei Beispiele: Mose achtete die Schmach des Messias für einen größeren Reichtum als alle Schätze Ägyptens (Hebr 11, 26) – und der Fels, der mit den Israeliten durch die Wüste zog, war der Messias (1 Kor 10, 4). So real, so unmittelbar war also der Messias schon am Leben des Volkes Israel beteiligt – und wir dürfen Ihn so am Werk sehen, wenn wir die Bibel mit erleuchteten Augen des Herzens lesen.

Am allerunmittelbarsten aber erleben wir Seine Herrlichkeit dann, wenn wir Ihn *anbeten,* sofern es »im Geist und in der Wahrheit« (Joh 4, 23) geschieht, und das kann nur bedeuten: mit Hilfe und in Kraft des Heiligen Geistes und damit *in Wirklichkeit.* Das betont Jesus deshalb ausdrücklich, weil es bei den Juden damals – und bei den Christen heute – weitverbreitet auch eine unwirkliche, unechte, nur scheinbare Anbetung gibt, durch die sich die Frommen selbst betrügen (Mt 15, 8. 9 a; Jak 1, 26; 1 Kor 3, 18; Gal 6, 3). Echte Anbetung wirkt der Heilige Geist in denen, die in tiefer Beugung still werden vor der Gegenwart des Vaters, wie Er sich im Sohn offenbart, um dessen Herrlichkeit anzuschauen und auf sich wirken zu lassen. Sie geraten ins Staunen, und Jubel erfüllt ihre Seele, bis sie nicht anders können, als sich selbst völlig zu vergessen und Ihm die Ehre zu geben, die Ihm gebührt.

Von Herrlichkeit zu Herrlichkeit

Aber gerade dadurch, daß wir die Herrlichkeit des Herrn im Spiegel anschauen und sie in uns spiegeln lassen, kann der Heilige Geist in aller Stille Sein so wichtiges Werk an uns tun, indem Er unser Wesen umgestaltet. Auf diese Weise »werden wir verwandelt in dasselbe Bild von der Herrlichkeit aus zur Herrlichkeit hin«. Weil diese Umgestaltung von der Herrlichkeit des Herrn ausgeht, führt sie uns auch zur Herrlichkeit hin. Während wir – Ihn anschauend – Seinen strahlenden Lichtglanz in uns aufnehmen, prägt ihn der Heilige Geist in uns aus, so daß wir in Sein Bild verwandelt werden. Und das heißt Heiligung.

Wo bleibt da das Rühmen?

Demnach können wir selbst äußerst wenig zu unserer Heiligung beitragen: so wenig, daß zuletzt für den Selbstruhm des Menschen kein Raum bleibt. »Wer sich rühmen will, der rühme sich des Herrn« (1 Kor 1, 31). Es ist dafür gesorgt, daß die Heiligung nur auf einem solchen Weg zustande kommt, der den Heiligen jegliche Möglichkeit raubt, sich darauf etwas einzubilden. »Wo bleibt nun da das Rühmen? Es ist ausgeschlossen!« (Röm 3, 27 a).

Wie man die Heiligung blockieren kann

Und doch sind wir dabei unserer eigenen Verantwortung nicht enthoben. Denn so wenig wir einerseits unsere Heiligung selber bewerkstelligen können, so sind wir andererseits sehr wohl in der Lage, sie zu *verhindern*.

Das kann geschehen durch Verharmlosen und Festhalten der Sünde oder durch Lauheit und Leichtfertigkeit. Dazu gehört auch, wenn aus Feigheit und Hochmut die Einzelbeichte umgangen wird, obwohl Gott uns ausdrücklich zum offenen Bekennen konkreter Sünden auffordern läßt (Jak 5, 16 a; Spr 28, 13 a; 1 Petr 5, 5 c).[41]

Wer vollends okkult gebunden oder dämonisch belastet ist, wird erfahrungsgemäß keinesfalls Befreiung und Heiligung erleben, wenn er nicht die zugrundeliegenden Greuelsünden ans Licht bringt, sich beugt und davon lossagt, um dann in der

[41] Beachtenswert ist, was Dietrich *Bonhoeffer* über die befreiende Hilfe sagt, die uns durch die Einzelbeichte zugedacht ist: »In der Beichte geschieht der Durchbruch zum *neuen Leben*. Wo Sünde gehaßt, bekannt und vergeben ist, dort ist der Bruch mit der Vergangenheit vollzogen ... In der Beichte fängt der Christ an, seine Sünde zu lassen. Ihre Herrschaft ist gebrochen. Von nun an erficht der Christ Sieg um Sieg ... In der Beichte geschieht der Durchbruch zur *Gewißheit*. Woran liegt es, daß uns oft das Sündenbekenntnis vor Gott leichter wird als vor dem Bruder? ... So müssen wir uns fragen, ob wir uns mit unserem Sündenbekenntnis vor Gott nicht oftmals selbst getäuscht haben, ob wir nicht vielmehr uns selber unsere Sünden bekannten und sie uns auch selbst vergaben. Und ... hat nicht die Kraftlosigkeit unseres christlichen Gehorsams vielleicht eben darin ihren Grund, daß wir aus einer *Selbstvergebung* und nicht aus der wirklichen Vergebung unserer Sünden leben? ... Wer schafft uns hier Gewißheit, daß wir es im Bekenntnis und in der Vergebung nicht mit uns selbst zu tun haben, sondern mit dem lebendigen Gott? Die Gewißheit schenkt uns Gott durch den Bruder. Der Bruder zerreißt den Kreis der Selbsttäuschung. Wer vor dem Bruder seine Sünde bekennt, der weiß, daß er hier nicht mehr bei sich selbst ist, der erfährt in der Wirklichkeit des anderen die Gegenwart Gottes. Solange ich im Bekenntnis meiner Sünden bei mir selber bin, bleibt alles im Dunkeln; dem Bruder gegenüber muß die Sünde ans Tageslicht. Weil aber die Sünde einmal doch ans Licht muß, darum ist es besser, es geschieht heute zwischen mir und dem Bruder, als daß es am letzten Tage in der Helle des Jüngsten Gerichtes geschehen muß ...« (Aus: Gemeinsames Leben, München 1940, S. 79 f.) – Vielleicht wissen auch manche Lutheraner nicht, was Martin *Luther* im »Großen Katechismus« über die Einzelbeichte geschrieben hat, nämlich folgendes: »Wer nun sein Elend und seine Not fühlt, wird wohl solch Verlangen darnach kriegen, daß er mit Freuden hinzulaufe. Welche es aber nicht achten noch von selbst kommen, die lassen wir auch fahren. Das sollen sie aber wissen, *daß wir sie nicht für Christen halten* ... Darum, wenn ich zur Beichte vermahne, so tue ich nichts anderes, denn daß ich vermahne, ein Christ zu sein.« – Was aber wurde schließlich daraus? »Aus der reformatorischen Tat Martin Luthers, die Einzelbeichte von jedem gesetzlichen Zwang zu befreien, ist in weiten Kreisen der evangelischen Christenheit die unsinnige Meinung entstanden, man brauche die Beichte nicht. Ja, es gilt vielerorts als ein besonderer Vorzug der evangelischen Kirche gegenüber der katholischen, daß man hier nicht zu beichten brauche. Es ist also ›bequemer‹, ein evangelischer Christ zu sein. So ist der evangelischen Kirche die Beichte weithin verlorengegangen.« (Oberkirchenrat Theo *Sorg*, Das lösende Wort – Gedanken zur evangelischen Beichte, Stuttgart 1972, S. 7 f.)

Vollmacht des Namens JESUS von den Fesseln Satans gelöst zu werden.[42]

Die Barriere des Unglaubens

Andererseits wird die Heiligung ganz einfach durch Mißtrauen und Kleinglauben verhindert. Denn wer die völlige Heiligung schon von vornherein für unmöglich erklärt, d. h. sie dem HErrn gar nicht zutraut, wie das heute weithin der Fall ist, wird sie dann auch in seinem Leben niemals erfahren. Gilt für alle, die vertrauensvoll auf Ihn blicken, das Wort: *»Gemäß eurem Glauben* soll es euch gehen!« (Mt 9, 29), so ist heute weithin die Lage umgekehrt. Die Gläubigen stehen ihrem Erlöser mit so viel Kleinglauben, Vorbehalten, Zweifeln, Bedenken und Mißtrauen gegenüber, daß sie sich nicht zu wundern brauchen, wenn Sein Wort in ihrem Leben unwirksam bleibt – *gemäß ihrem Unglauben!* So haben es seinerzeit schon die Einwohner von Nazareth erfahren müssen (vgl. Mk 6, 5 f.!).

Die Verantwortung der Berufenen

Sicher ist jedenfalls, daß wir selbst verantwortlich sind und einmal dafür zur Rechenschaft gezogen werden, ob wir uns durch Gottes Geist wirklich haben heiligen lassen oder nicht (2 Kor 5, 10). Liegt es doch ganz an uns, ob der Heilige Geist in uns das Bild und Wesen unseres Herrn Jesus ausprägen kann oder nicht.

Daß unsere Verantwortung keineswegs durch das göttliche Gnadenwirken aufgehoben wird, zeigt in besonders prägnanter Weise der bekannte Doppelsatz: »Erwirkt euch mit Furcht und Zittern euer eigenes Heil; denn Gott ist es, der in euch beides bewirkt, das Wollen und das Vollbringen ...« (Phil 2, 12 b. 13).

[42] Über den Weg zur Befreiung vgl. Hans *Rohrbach,* Mit dem Unsichtbaren leben – Unsichtbare Mächte und die Macht Jesu, Wuppertal 1976; – außerdem *O. S. v. Bibra,* Der Name JESUS – Seine siegende Macht nach dem Zeugnis des Neuen Testaments, 9. Auflage, Wuppertal 1981, S. 79 f.

Zunächst könnte es so scheinen, als wäre diese Aussage unlogisch und ein Widerspruch in sich selbst. Im Grunde aber handelt es sich um einen völlig einheitlichen Tatbestand, der jedoch immer unter zwei verschiedenen Aspekten gesehen werden muß. Wenn Gott nämlich nicht in unserem Leben am Werk wäre, könnten wir das Heil überhaupt nicht erlangen. Weil Gott aber die Voraussetzungen dazu geschaffen hat, daß wir gerettet und geheiligt und vollendet werden, liegt es an *uns*, alles dafür einzusetzen, daß sich das Heil, das neue Leben, die Heiligung auch tatsächlich in uns realisiert. Es liegt an uns, ob wir unseren Fuß auf diesen vorbereiteten Weg setzen oder nicht.[43]

Sehr deutlich kommt dieser Zusammenhang auch in folgendem Wort zum Ausdruck: »Sein Kunstwerk sind wir nämlich, geschaffen (= von neuem geboren) im Messias Jesus zu guten Werken, die Gott (selbst) im voraus schon bereitet hat, damit wir nur noch in ihnen zu wandeln brauchen« (Eph 2, 9–10). Darauf kommt es aber nun tatsächlich an, ob wir bereit sind, die von Gott schon bereiteten Werke im Gehorsam zu *tun* – oder ob wir zu träge dazu sind und uns lieber von unserer Selbstsucht bestimmen lassen.

Das neue Leben als Tatsache und Aufgabe

So ist das (in der Wiedergeburt empfangene) neue Leben immer unter doppeltem Aspekt zu sehen, der sich wie ein roter Faden durch das ganze Neue Testament hindurch verfolgen läßt. Grammatikalisch kommt dieser Doppelaspekt in dem Nebeneinander von Indikativ und Imperativ zum Ausdruck. Die Indikative bezeugen den durch Jesus im Leben der Erlösten geschaffenen *neuen Tatbestand*, – z. B. der alte Mensch i s t mitgekreuzigt! (Röm 6, 6 a) –, während die Imperative die

[43] *W. de Boor* z. St.: »Die freie, wirkende Gnade Gottes ... darf die Philipper nicht zur Lässigkeit verführen, sondern muß sie in die höchste Anspannung versetzen: Weil Gott das Wollen gab, darum wollt nun auch mit aller Kraft; weil Gott das Wirken verlieh, darum wirkt nun auch mit allem Gehorsam! Wann werden wir das den Gemeinden (und uns selber!) wieder klar sagen, anstatt sie (und uns!) mit einer falschen Gnadenlehre aus einer irrigen Theologie heraus zu Tode zu trösten?« (W. Stb., S. 91). – Wer Ohren hat zu hören, der höre!

Heiligen dazu aufrufen, aus ihrer neuen Situation nun im Glaubensgehorsam die notwendigen Folgerungeen zu ziehen, nämlich: fest damit zu rechnen, daß sie jetzt der Sünde gegenüber tot sind, und die Sünde dementsprechend nicht länger in ihrem sterblichen Leibe herrschen zu lassen (Röm 6, 11 a. 12 a).

Im Neuen Testament bedingen Indikativ und Imperativ sich gegenseitig. Das heißt: Die vollbrachte Erlösung wird mißverstanden, wenn sie nicht als Begründung zum Aufruf, nicht als Ermächtigung zu heiligem Leben erkannt wird; die Mahnungen aber werden mißverstanden, wenn nicht ihre Begründung in der schon geschehenen Wiedergeburt und Erneuerung deutlich ist. Die Aufrufe sind also nicht ein Anhängsel zum Glauben an die Erlösung, sondern der unentbehrliche Ausdruck dafür. Die Erlösung kann sich also in meinem Leben überhaupt erst dann und nur dadurch realisieren, daß ich mich dazu aufrufen lasse, mit ihr zu rechnen und dementsprechend im Glaubensgehorsam zu handeln.

Es wird meist völlig übersehen, daß die neutestamentlichen Imperative grundlegend zu unterscheiden sind von denen des Gesetzes. Sind doch die neutestamentlichen Weisungen in sich selber *Evangelium,* nämlich Ermächtigung dazu, jetzt und hier in der Kraft der göttlichen Liebe zu leben und zu handeln. So sind es »Gnaden-Imperative« (W. Elert).[43a]

Was für eine Atmosphäre verbreiten wir?

Auf jeden Fall ist es die Absicht des Heiligen Geistes, das Leben der Erlösten so in das Bild ihres Erlösers umzugestalten, daß sie für andere ein deutlich lesbarer *Brief* von Ihm werden (2 Kor 3, 3). So soll dem Vater dafür gedankt werden können, daß Er »uns durch den Messias allezeit in Seinem Triumphzug mitführt und durch *uns* an jedem Ort die Atmosphäre offen-

[43a] Vgl. dazu P. *Althaus* im NTD., Römerbrief, Göttingen 1935, S. 53–54. – Mit Recht sagt deshalb Th. *Jellinghaus:* »Sehen wir die Weisungen des Neuen Testaments nicht im Glauben als selige *Verheißungen* dessen an, was Jesus selbst in uns vollbringen will . . ., so werden sie uns zu einem Gesetz, härter als Moses Gesetz, und bringen uns in Mißmut, Verzagtheit, Verdammlichkeitsgefühl und knechtische Unlust gegenüber göttlichen Dingen.« (a. a. O. S. 35.)

kundig macht, in der man Ihn kennenlernen kann« (2 Kor 2, 14).

Nichts kann für Gottes Werkzeuge beglückender sein, als wenn gottferne und doch gottsuchende, für die Wahrheit aufgeschlossene Menschen in ihrer Nähe eine solche Atmosphäre überirdischen Friedens, himmlischer Freude und göttlicher Liebe erleben, daß ihnen dadurch die Gegenwart dessen zum Bewußtsein kommt, von dem diese Atmosphäre stammt! Denn auf diese Weise sollen sie Ihn als den Befreier kennenlernen können.

7. Das Ziel der Heiligung

Marána thá!

Das Ziel leuchtete schon mehrfach kurz vor uns auf. Jetzt aber zum Schluß soll es noch genauer zur Sprache kommen. Ist es doch ein Ziel, das den neutestamentlichen Gemeinden überhaupt immer vor Augen stand und dem sie zustrebten mit dem ganzen Einsatz ihres Lebens. Dieses Ziel findet auf klassische Weise und in der kürzesten Form seinen Ausdruck in dem Ruf: »Marána thá!« = »Unser Herr, komm doch!« (1 Kor 16, 22 b; vgl. auch Offb 22, 20 b: »Komm nur bitte, Herr Jesus!«).

Das ist des lebendigen Gottes erklärtes Ziel, das Er sich für Seine Heiligen gesteckt hat: Beim Erscheinen Seines Gesalbten in Herrlichkeit sollen sie dabeisein, indem sie »mit Ihm zusammen offenbar werden in Herrlichkeit« (Kol 3, 4), sei es durch die Auswahlauferstehung aus der Mitte der übrigen Toten heraus (Phil 3, 11; 1 Thess 4, 16) oder durch die Entrückung (1 Thess 4, 17), die auch als »unser Hinversammeltwerden zu Ihm hin« (2 Thess 2, 1 b) bezeichnet werden kann.

Der Tag ist nahe

Wenn uns Gott aber dies als Sein Ziel für uns gezeigt hat, dann sollten auch wir unsrerseits eben darauf mit Entschlossenheit uns einstellen, selbst wenn das herkömmlich unter Christen wenig der Fall ist. Deshalb gilt uns dringlich die Mahnung: »Laßt uns nicht unser Hinversammeltwerden (zu Ihm hin, d. h. unsere Entrückung) verraten (= aus den Augen verlieren), wie das bei etlichen Gewohnheit geworden ist, sondern uns gegenseitig ermuntern, und das um so mehr, als ihr *den* Tag schon herannahen seht« (Hebr 10, 25).

Wie sehr dieses große, zu erwartende Ereignis für die damaligen Gemeinden im Mittelpunkt stand, zeigt schon der hier vorliegende auffallende Sprachgebrauch. Wohl finden sich auch Ausdrücke wie »Tag des Messias«, »Tag des Herrn« oder

»jener Tag«, aber im Grunde war überhaupt keine nähere Bezeichnung nötig, vielmehr wußte jeder Bescheid, wenn kurz und bündig nur von »dem Tag« die Rede war (vgl. auch Röm 13, 12 a; 1 Thess 5, 4; 1 Kor 3, 13!). Daß aber *der* Tag für uns heute wirklich *nahe* ist, will uns Gott durch die Zeichen der Zeit deutlich zeigen: Mt 24, 3–14. 32–34 (der Feigenbaum ist schon vom Alten Testament her Sinnbild für *Israel!)*; Lk 17, 26–32; 21,24.28; 2 Petr 3, 3–4 u. a. m.[44]

Die große Scheidung unter den Christen

An jenem Tage wird die Scheidung der Geister, die sich unter den Christen jetzt schon unmerklich vollzieht, vor aller Augen offenbar werden: Die einen, die »bereit« sind, werden – bildlich gesprochen, wie Jesus es im Gleichnis tut – als kluge Jungfrauen zusammen mit dem Bräutigam hineingehen zur Hochzeit; die anderen aber, die zwar auch zur Himmelsherrschaft gehören, jedoch nicht genügend Öl (nicht die Vollausrüstung des Heiligen Geistes) besitzen, kommen vor die verschlossene Tür und werden trotz flehentlichen Bittens abgewiesen (Mt 25, 1. 10–12). Die einen dürfen am Hochzeitsmahl teilnehmen als solche, die sich mit dem Hochzeitsgewand der Heiligkeit hatten beschenken lassen, die andern aber, denen das Hochzeitsgewand fehlt, werden hinausgeworfen in die Finsternis (Mt 22, 10–13). Die einen werden – ohne Bild – bei der Entrückung »mitgenommen«, und die anderen bleiben zurück (Mt 24, 40. 41). Die einen haben dann den frohen Mut eines guten Gewissens, die andern aber müssen mit Scham und Schande vor Ihm zurückweichen, wie Johannes schreibt: »Und gerade jetzt, Kinder, *bleibt* nur in Ihm, damit wir, wenn Er erscheinen wird, freie Zuversicht haben und bei Seiner Ankunft nicht vor ihm zuschanden werden« (1 Joh 2, 28).

[44] Näheres darüber in: O. S. v. Bibra, Jesus kommt wieder! Zwanzig Rundfunkansprachen, 4. Aufl., Marburg 1981.

Untadelig in Heiligkeit

Worauf aber wird es ankommen? Auf die Heiligung, wie wir schon hörten (Hebr 12, 14 b): Ungeheiligt wird dann niemand den HErrn zu sehen bekommen. Ankommen wird es darauf, »lauter und unanstößig« zu sein (Phil 1, 10 b),[45] »untadelig in Heiligkeit vor dem Angesicht unseres Gottes und Vaters bei der Ankunft unseres Herrn Jesus mit allen Seinen Heiligen« (1 Thess 3, 13).[46] Deshalb gilt es, sich von jeder Befleckung des Fleisches und des Geistes zu reinigen und in der Furcht Gottes die Heiligkeit zur Vollendung zu bringen (2 Kor 7, 1). In diesem Sinn will Gott Sein in der Wiedergeburt begonnenes gutes Werk an Seinen Heiligen auch vollenden bis zum Tag des Messias (Phil 1, 6). Und: »Sollte Er etwas sagen und es nicht ausführen? Sollte Er etwas verheißen und es nicht erfüllen?« (Num 23, 19 b).

Daraus ergibt sich, daß jeder, der ernsthaft in der Erwartung der bevorstehenden Parusie lebt, auf die Reinigung und Heiligung seines Lebens bedacht sein wird (1 Joh 3, 3).

[45] *W. de Boor* z. St.: Das »widerspricht unserem ganzen gewohnten Denken in der Kirche ... Nicht ›lauter und unanstößig und erfüllt mit Frucht‹, sondern ›befleckt, bettelarm, leer‹ stehen nach unserer Meinung Gemeinde und Christen an jenem Tage da. Auch der erlöste Mensch bleibt der elende Sünder, dessen Wesen und Leben bestenfalls ein unentwirrbares Gemisch von Gutem und Bösem ist, immer ›simul iustus et peccator‹ (zugleich gerecht und Sünder). So allein kann ... jemand selig werden ... – Wir müssen sehen, daß Paulus eine ganz *andere* Vorstellung hat ... Wir mögen das von unserer Dogmatik aus ganz falsch finden, wir mögen ›Hochmut‹ oder ›Perfektionismus‹ fürchten – wir müssen aber *lesen,* was Paulus hier schrieb. Und wir werden uns fragen müssen, ob wir uns, von Paulus aus gesehen, mit unserer Dogmatik und mit unserer ›Demut‹ nicht *in ein gefährlich bequemes und trügerisches Christentum geflüchtet haben«* (a. a. O., S. 48).

[46] Vgl. *W. de Boor* z. St.: »Hart stößt hier die apostolische Erwartung mit unserem ganzen kirchlichen Denken zusammen. Christen vor Gott ›untadelig in Heiligkeit‹ – unmöglich! Elende, arme Sünder voll alles Bösen und ohne das geringste Gute, die dann doch aus unbegreiflicher Gnade selig werden – das ist unsere Überzeugung. Wollen wir mit unserer theologischen Auffassung recht behalten – gegen Paulus?« (a. a. O. S. 65).

Nicht schlafen wie die übrigen!

Und eben deshalb, weil ohne Heiligung niemand den Herrn zu sehen bekommen wird, ist es allen Aposteln ein solches Anliegen gewesen, daß die Gemeinden sich »durch und durch« heiligen lassen (1 Thess 5, 23).[47] Es geht ja darum, daß sie am Tag des Herrn untadelig dastehen können als solche, die sich bis zum Endziel haben befestigen lassen (1 Kor 1, 8). Wenn wir dazu bedenken, daß sich das Gros unserer Zeitgenossen – ob fromm oder gottlos – in einem Schlaf der Sicherheit befindet, dann geht es gleichzeitig darum, sich von diesem allgemeinen Schlaf nicht anstecken zu lassen, um nicht schließlich selber auch zu »schlafen wie die übrigen«, sondern wachsam und nüchtern zu bleiben (1 Thess 5, 3. 6). Andere »Christen« allerdings müssen erst einmal dazu aufgerufen werden, überhaupt aufzuwachen vom Schlaf und aufzustehen aus dem geistlichen Tod (Eph 5, 14).

[47] D. h. bis ins Gedankenleben hinein. Dabei ist zu beachten, daß versuchliche Gedanken das Gewissen so lange nicht beflecken, als sie sofort im Namen Jesu abgewiesen werden; denn erst dann, wenn wir auf diese Gedanken eingehen, verunreinigen wir unsere Seele. So konnte Luther sagen, es ließe sich nicht verhindern, daß die Vögel über unser Haupt fliegen, wohl aber, daß sie Nester darauf bauen. Niemand soll sich also im Gewissen schon dadurch belastet fühlen, daß er überhaupt in eine Versuchung hineingerät = zum Bösen versucht wird, indem er von seiner eigenen Lust (Gier, Begierde) gereizt und verlockt wird. Denn erst wenn er seiner Gier *nachgibt,* kommt die Sünde zustande (vgl. Jak 1, 14. 15 a!). Vgl. Adolf *Schlatter* zu Röm 7, 7: »Die Begier und die Sünde sind unterschieden, aber es besteht zwischen ihnen ein kausaler Zusammenhang. *Die Begier ist noch nicht Sünde;* diese entsteht aber aus der Begier, sowie sich der Mensch ihr ergibt und sie erfüllt. Nicht den unfertigen, sondern den fertigen Willen, der Tat wird, hieß Paulus Sünde; sie geschieht, wenn ›wir den Begierden des Leibes gehorchen‹ 6, 12.« (Gottes Gerechtigkeit, Ein Kommentar zum Römerbrief, Stuttgart 1935, 5. Aufl. 1975, S 232.) – Im übrigen sei zum ganzen Gebiet der Heiligung noch hingewiesen auf das umfangreiche und grundlegend wichtige Werk von Th. *Jellinghaus:* »Das völlige, gegenwärtige Heil durch Christus«, 1880; 5. Aufl. Berlin 1903; – außerdem auf die neue Untersuchung von Erich Mauerhofer: Der Kampf zwischen Fleisch und Geist bei Paulus (Ein Beitrag zur Klärung der Frage nach der Stellung des Gläubigen zur Sünde im paulinischen Heiligungs- und Vollkommenheitsverständnis), Frutigen/Schweiz 1980.

Dem Bräutigam entgegen

Besonders klar kommt das apostolische Anliegen in folgendem Wort zum Ausdruck: »Ich eifere ja um euch mit göttlicher Leidenschaft; habe ich euch doch *einem* Mann verlobt, um euch als reine Jungfrau dem (kommenden) Messias zuzuführen« (2 Kor 11, 2). Die Apostel sind sich nämlich klar darüber – und die heutige Christenheit sollte sich auch klar darüber werden –, daß Jesus sich als Messias eben dazu für Seine Ekklesia geopfert hat, *»um sie zu heiligen«,* und zwar mit dem erklärten Ziel, sie sich an jenem Tage – als Seine Braut – »in strahlender Herrlichkeit zuzuführen, ohne Flecken und Runzel oder irgend etwas derartiges, sondern so, daß sie heilig und untadelig sei« (Eph 5, 25 b. 27).

Gott hat jedenfalls die Macht – und auch die Absicht –, »euch zu bewahren vor jedem Straucheln und euch hinzustellen vor das Angesicht Seiner Herrlichkeit untadelig mit jubelnder Freude« (Jud 24).

Das ist Sein Ziel.

Denen aber, die sich heiligen und bewahren lassen, um das Ziel ihrer himmlischen Berufung zu erreichen, gilt eine der letzten Seligpreisungen des Neuen Testaments: »Glückselig sind die zum Hochzeitsmahl des Lammes Berufenen!« (Offb 19, 9).

Gott sucht Werkzeuge

Gerade weil die Zeit kurz und *der* Tag nahe ist, gilt uns heute um so dringlicher der fragende Ruf unseres Gottes: »Wen soll Ich senden, und wer wird Unser Bote sein?« (Jes 6, 8).

Hänssler-Bücher:
Zielbewußt im Durcheinander unserer Zeit

Rolf Scheffbuch, So rettet Gott, allein so
Tb., 96 S., Nr. 70395, DM 5,80

Der bekannte Gemeindepfarrer, Dekan und Landessynodale ruft zur »Sache«. Er stellt uns das zentrale Anliegen der Reformation neu vor Augen: Allein die Heilige Schrift, allein Jesus Christus, allein seine Gnade und allein der Glaube retten uns Menschen aus der Gottesferne.

Winrich Scheffbuch
Wer Jesus hat, hat das Leben
Pb., 768 S., Nr. 71126, DM 21,80

Lebendig in Stil und Sprache, voller praktischer Beispiele aus dem Alltagsleben: Ein thematisch aufgebautes Andachtsbuch für Christen und für Menschen auf der Suche nach Gott.

Winrich Scheffbuch
Bis hierher hat mich Gott gebracht
Tb., 64 S., Nr. 75044, DM 2,80

Gespräche, Glückwünsche, Gottesworte und Gedichte für »Geburtstagskinder«. Ein ansprechendes Geschenk. Nicht zuletzt weil Christus geboren wurde, können wir den eigenen Geburtstag dankbar feiern!

Winrich Scheffbuch
Jesus, du bist bei mir
Tb., 64 S., Nr. 75022, DM 2,80

Diese »Gespräche mit Kranken« helfen, die Situation der Krankheit anzunehmen. Gedanken, Lied- und Bibelverse weisen hin auf die Geborgenheit in Gott, die tragen und überwinden hilft.

Bitte fragen Sie in Ihrer Buchhandlung nach diesen Büchern!
Oder schreiben Sie an den Hänssler-Verlag, Postfach 12 20, D-7303 Neuhausen-Stuttgart

Freiheit und Verbindlichkeit des Glaubens

Verbindliches Leben

von
Oskar Föller

Tb., 120 S.,
Nr. 70212,
DM 6,80

»Ich tue, was ich will und wann ich es will!« Zu einer solchen Einstellung des Lebens nach dem »Lustprinzip« erzieht uns das Denken unserer Zeit. Weithin prägt es sogar das Leben christlicher Gemeinden.
Doch gerade in den letzten Jahren hat sich eine Gegenströmung gebildet. Immer mehr Christen entdecken die »Verbindlichkeit« der Nachfolge Jesu. Denn in konsequentem Gehorsam gegenüber dem Wort Gottes und im gemeinsamen Einstehen für die Sache Gottes liegt Freiheit und Geborgenheit.

Leseprobe aus »Verbindliches Leben« von Oskar Föller, Tb., Nr. 70212

II. Verwirklichung im persönlichen Leben

4. Ein Leben des Gehorsams und der Disziplin

Eine Frucht des Geistes Gottes ist Selbstbeherrschung (Gal. 5,22). Wenn wir Jesus verbindlich nachfolgen, werden wir lernen, mehr und mehr in der Zucht des Geistes zu leben. Disziplin und Übung sind nötig, um weiterzukommen in der Heiligung. Gott hat uns von der Macht des Bösen befreit und uns die Möglichkeit eröffnet, in einem neuen Leben zu wandeln. Das Neue ereignet sich aber nicht automatisch. Wir müssen es »anziehen«, unsere Glieder zum Gehorsam hergeben und einsetzen. Es ist nötig, dem Bösen zu widerstehen und sich Gott zu nahen und seinen Willen zu tun (Röm. 6, 6. 11. 12–14; 8, 2. 12. 13; Eph. 4, 22. 25; Kol. 3, 5. 8. 12; vgl. Eph. 4, 22–6, 9 und Kol. 3, 1–4. 6 in der praktischen Anwendung).

Übung

Je nach Erziehung und Veranlagung fällt es dem einen schwerer und dem anderen leichter, diszipliniert zu leben. Wer von Natur aus sehr gründlich und ordnungsliebend ist, muß achtgeben, daß er sich nicht über andere erhebt und nicht Sklave seiner eigenen Grundsätze wird. Die Mehrzahl der Menschen hat es heute aber nötig, Disziplin zu lernen, weil die Zeitströmungen zum Gegenteil hintendieren. Selbstbeherrschung gewinnt man durch Übung, d. h. durch viel Kleinarbeit. Nach R. S. Taylor bedeutet Disziplin lernen »tausend kleine Schritte tun«. Es wird auf diesem Weg auch Stolpersteine geben. Wenn man dann hingefallen ist, gilt es wieder aufzustehen und weiterzugehen und nicht resigniert liegenzubleiben. Ratsam ist es auch, sich nicht zuviel auf einmal, sondern ein Gebiet nach dem anderen vorzunehmen, sonst werden wir schnell verzagt sein. Also: nur an einem Ende beginnen! Die Wurst wird normalerweise ja auch in Scheiben gegessen. Die vorhin genannten Bibelstellen und die folgenden Fragen nennen einige der Übungsfelder:

Äußere Haltung

Bin ich nachlässig im Blick auf mein Äußeres oder überbesorgt? Welchen Eindruck mache ich auf andere? (nervös? schlaff? weichlich? steif? hochnäsig? selbstgerecht? unordentlich? usw.). Welche schlechten Angewohnheiten sollte ich abstellen? Ist mein Äußeres der Ausdruck meines inneren Zustandes?

Innenleben

Übe ich mein *Denken,* oder bin ich zu träge und lasse andere für mich denken? Was sollte ich für meine Weiterbildung tun? Was lesen? Womit mich noch näher befassen? Denke ich nur an mich oder auch für andere (Phil. 2, 4)? Übe ich mich darin, Gutes zu denken (Phil. 4, 8)? Welche verkehrten Gedanken muß ich »gefangennehmen« und Christus unterordnen (2. Kor. 10, 5)?
Unterdrücke ich mein *Fühlen,* oder bewerte ich es zu hoch? Lasse ich mich von meinen Stimmungen beherrschen? Lasse ich mich durch Unlust von nötigen Pflichten abhalten? Was kann ich gegen falsches Mitleid und Selbstmitleid tun? An welchen Punkten muß ich dem schwächlichen Sich-gehen-Lassen bei mir und anderen entgegentreten? Kann ich meinen Empfindungen Grenzen setzen (1. Petr. 1, 13), oder lasse ich meiner Phantasie freien Lauf?